NOUVEAU CODE CIVIL NÉERLANDAIS

LIVRE 1

NOUVEAU CODE CIVIL NÉERLANDAIS

LIVRE 1

Droit des personnes et de la famille

traduit du néerlandais par

LOUIS F. GANSHOF
avocat près la Cour d'Appel de Bruxelles
chargé de cours à la Faculté de droit de la
'Vrije Universiteit Brussel'

et

CHARLES PETIT
professeur honoraire à la Faculté de droit à Nimègue
conseiller honoraire à la Haute Cour des Pays-Bas

Springer Science+Business Media, B.V. 1972

ISBN 978-90-268-0615-5 ISBN 978-94-017-4445-4 (eBook)
DOI 10.1007/978-94-017-4445-4

Ursprünglich erschienen bei N. V. Uitgeversmaatschappij Æ. E. Kluwer, Deventer in 1972

TABLE DES MATIÈRES

PRÉFACE

La traduction française du livre I du nouveau Code civil néerlandais, relatif au droit des personnes et de la famille, a été rédigée par MM. Louis F. Ganshof et Charles Petit à la demande du Ministre de la Justice des Pays-Bas.

Elle ne peut cependant pas être considérée comme une traduction officielle; son but essentiel a été de mettre ce nouveau texte à la disposition de ceux qui, tout en n'ayant pas une connaissance suffisante de la langue néerlandaise, veulent s'informer du droit en vigueur aux Pays-Bas, que ce soit à l'occasion de litiges d'ordre judiciaire ou d'études de droit comparé.

Le texte néerlandais du livre I a été arrêté par les lois des 11 décembre 1958, *Stb.*[1] 590 et 591, et 3 avril 1969, *Stb.* 167.

Le livre I est entré en vigueur le 1er janvier 1970, et a été modifié par les lois des 24 décembre 1970, *Stb.* 612, 31 mars 1971, *Stb.* 397, 6 mai 1971, *Stb.* 290 et 17 février 1972, *Stb.* 85.

La loi du 6 mai 1971, modifiant les règles en matière de divorce et de séparation de corps, est d'une importance particulière.

La présente traduction est celle du texte en vigueur à la date du 30 juin 1972.

Ministère de la Justice
Section du nouveau Code civil.

[1] *Staatsblad:* Journal officiel.

TITRE 1

DISPOSITIONS GÉNÉRALES

Article 1.

1. Tous ceux qui se trouvent aux Pays-Bas sont libres et capables de jouir des droits civils.

2. La loi ne tolère pas de liens de dépendance personnelle, quelle en soit la nature ou la dénomination.

Article 2.

L'enfant conçu est considéré comme déjà né, toutes les fois que son intérêt l'exige. S'il est mort-né, il est censé n'avoir jamais existé.

Article 3.

Le degré de parenté est déterminé par le nombre de naissances qui ont causé cette parenté. Une reconnaissance, une légitimation ou une adoption comptent pour une naissance.

2. Le mariage crée, entre un époux et un parent de l'autre époux, une alliance au même degré que la parenté existant entre l'autre époux et son parent.

3. La dissolution du mariage ne met pas fin à l'alliance.

TITRE 2

DU DROIT AU NOM

Article 4.

1. Toute personne porte les prénoms qui lui sont donnés dans son acte de naissance.

2. L'officier de l'état civil refuse d'insérer dans l'acte de naissance des prénoms soit inconvenants, soit conformes à des noms de famille existants, à moins que ceux-ci soient également des prénoms usuels.

3. Si le déclarant n'indique pas de prénoms, ou si ceux qu'il indique sont tous refusés sans qu'il les remplace par un ou plusieurs autres, l'officier de l'état civil

donne d'office un ou plusieurs prénoms à l'enfant, et il mentionne expressément dans l'acte que ces prénoms lui sont donnés d'office.

4. Le changement de prénoms peut être ordonné à la requête de la personne intéressée ou de son représentant légal, par le tribunal dans le ressort duquel l'acte de naissance a été inscrit dans les registres de l'état civil ou, en cas de naissance hors des Pays-Bas, par le tribunal de La Haye. Seul le requérant peut interjeter appel de l'ordonnance. Le changement s'opère par l'acte d'inscription de l'ordonnance, dressé conformément à l'article 21 du présent livre.

Article 5.

1. Le nom de famille d'un enfant légitime, légitimé ou adopté est celui de son père.

2. Le nom de famille d'un enfant illégitime est celui du père, lorsque celui-ci a reconnu l'enfant, et sinon celui de la mère.

3. Si la mère est inconnue, l'officier de l'état civil insère dans l'acte de naissance un prénom et un nom de famille provisoires, dans l'attente de la décision du Roi désignant les prénoms et le nom de famille de l'enfant.

Article 6.

Le nom de famille est prouvé à l'égard de tous par l'acte de naissance.

Article 7.

1. Le nom de famille d'une personne peut être changé par le Roi, soit à la requête de celle-ci, soit à celle de son représentant légal.

2. Celui dont le nom de famille ou les prénoms ne sont pas connus peut solliciter du Roi qu'il désigne son nom de famille ou ses prénoms.

3. Le changement ou la désignation du nom de famille par le Roi n'influence pas celui des enfants de la personne intéressée devenus majeurs avant la date de l'arrêté.

4. Le changement ou la désignation du nom de famille par le Roi subsiste nonobstant la reconnaissance ou la légitimation ultérieure de la personne intéressée.

5. Une mesure générale d'administration établit des règles relatives au mode d'introduction et d'instruction des requêtes prévues aux premier et deuxième paragraphes.

Article 8.

Celui qui porte le nom d'une autre personne sans son consentement commet un acte illicite à l'égard de celle-ci, s'il crée ainsi l'apparence d'être cette autre personne, ou d'appartenir à sa famille ou à son ménage.

Article 9.

1. La femme mariée, ou qui a été mariée et qui n'est pas remariée, a toujours le droit de porter le nom de famille de son mari, ou de le faire précéder le sien, conformément aux usages tels qu'ils existent dans la société.

2. Si le mariage est dissous par divorce et qu'il n'en soit pas issu de descendant qui soit en vie, le droit reconnu à la femme au premier paragraphe peut lui être retiré, pour de justes raisons, à la requête du mari, par le tribunal du domicile de la femme. Si la femme n'a pas de domicile aux Pays-Bas, l'article 429*c* du Code de la Procédure civile est applicable.

TITRE 3

DU DOMICILE

Article 10.

1. Le domicile d'une personne physique se trouve au lieu de son principal établissement et, à défaut de principal établissement, au lieu de sa résidence.

2. Une personne morale a son domicile au lieu où, suivant les dispositions légales, ou d'après ses statuts ou règlements, se trouve son siège.

Article 11.

1. Une personne physique perd son principal établissement par des actes d'où résulte son intention de l'abandonner.

2. Une personne physique est présumée avoir déplacé son principal établissement lorsqu'elle en a donné connaissance aux administrations communales intéressées, de la façon prescrite par la loi.

Article 12.

1. Le mineur suit le domicile de celui qui exerce l'autorité sur lui, l'interdit celui de son curateur. Si le père et la mère exercent conjointement l'autorité sur leur enfant mineur, celui-ci suit le domicile de son père.

2. La personne dont les biens se trouvent sous administration suit le domicile de l'administrateur de ces biens pour tout ce qui concerne l'exercice de cette administration.

3. Lorsque la personne dont le domicile est suivi décède ou perd son autorité ou sa qualité, le domicile suivi est maintenu jusqu'à ce qu'un nouveau domicile soit obtenu.

Article 13.

La maison mortuaire du défunt se trouve là où il a eu son dernier domicile.

Article 14.

La personne qui exploite un siège d'opérations ou une succursale y a également un domicile pour ce qui se rapporte aux activités de ce siège ou de cette succursale.

Article 15.

Une personne ne peut élire un autre domicile que son domicile réel que lorsque la loi l'y oblige, ou lorsque l'élection est faite par convention conclue par écrit, pour un ou plusieurs actes juridiques ou rapports de droit déterminés, et que l'élection de domicile se justifie par un intérêt légitime.

TITRE 4

DES ACTES DE L'ÉTAT CIVIL

Article 16.

1. Il existe pour chaque commune des registres de naissances, de déclarations de mariage, de consentements au mariage, de mariages et de divorces, et de décès.

2. Ces registres sont tenus séparément par un ou plusieurs officiers de l'état civil, qui sont nommés à ces fonctions par les administrations communales

3. Notre Ministre de la Justice peut autoriser les communes qui en ont besoin à tenir deux ou plusieurs registres de la même catégorie.

4. Il est tenu, selon des règles à fixer par mesure générale d'administration, un double ou une copie de tous les registres de l'état civil, à l'exception de ceux relatifs aux déclarations de mariage et aux consentements au mariage.

5. Les registres de l'état civil sont publics.

Article 17.

1. L'acte de naissance est dressé par l'officier de l'état civil de la commune où l'enfant est né ou, si la naissance a eu lieu aux Pays-Bas, mais en dehors du territoire d'une commune, par l'officier de l'état civil de la commune de La Haye. L'acte énonce:

a. le lieu, le jour et si possible l'heure de la naissance;

*b.*le nom de famille, les prénoms, le domicile et si possible la profession de la mère;

*c.*si la mère est mariée au moment de la naissance de l'enfant ou si, tout en n'étant pas mariée à ce moment, elle l'a été dans les 306 jours précédant le jour de la naissance de l'enfant, le nom de famille, les prénoms et si possible le domicile et la profession de son mari ou de son ancien mari. En dehors de ces cas, le nom de famille, les prénoms, le domicile et la profession du père ne sont énoncés que s'il a reconnu l'enfant avant ou lors de la déclaration de naissance;

*d.*le sexe de l'enfant;

*e.*les prénoms de l'enfant.

2. Si le lieu ou le jour de la naissance de l'enfant, ou le nom, y compris les prénoms, de la mère, ou son domicile ne sont pas connus, ou si le sexe de l'enfant est incertain, l'acte de naissance est dressé en vertu d'une injonction et conformément aux instructions du ministère public. Si le lieu de la naissance de l'enfant n'est pas connu, l'acte est dressé par l'officier de l'état civil de la commune où l'enfant a été trouvé, et énonce le lieu où il a été trouvé. Si le jour de la naissance de l'enfant n'est pas connu, l'acte énonce son âge apparent.

3. Dans les cas où, après que l'acte a été dressé, un ou plusieurs des faits énumérés au premier paragraphe, sous *a-d*, s'avèrent suffisamment établis, l'article 29 du présent livre est applicable.

Article 18.

1. Sont qualifiés pour déclarer la naissance d'un enfant: le père qui a des rapports de droit familial avec l'enfant; la mère; toute personne ayant assisté à la naissance de l'enfant, ainsi que celui dans la demeure duquel la naissance a eu lieu ou, si celle-ci s'est produite dans une institution de soins ou de traitement, dans une prison ou dans une institution similaire, le directeur ou l'un de ses subordonnés, désigné par lui spécialement par un acte sous seing privé pour faire cette déclaration. Une déclaration postérieure au troisième jour après l'accouchement, les samedis, les dimanches et les jours fériés généralement reconnus non compris, ne peut être faite par eux qu'avec l'autorisation du ministère public.

2. Faute de personnes énumérées dans la première phrase du paragraphe précédent ou si ces personnes négligent de faire la déclaration, celle-ci peut être faite par le—ou de la part du—bourgmestre de la commune où l'acte de naissance doit être dressé.

3. La déclaration faite par l'un des père et mère au plus tard le troisième jour au sens de la deuxième phrase du premier paragraphe anéantit l'acte de naissance qui aurait pu être dressé par suite d'une déclaration antérieure d'une des autres personnes qualifiées pour faire la déclaration.

4. L'officier de l'état civil peut ordonner que l'enfant lui soit présenté.

Article 19.

1. L'acte de décès est dressé par l'officier de l'état civil de la commune où le décès a eu lieu, ou, si le décès a eu lieu aux Pays-Bas, mais en dehors du territoire d'une commune, par l'officier de l'état civil de la commune de La Haye. La déclaration peut être faite par toute personne ayant connaissance du décès de science personnelle.

2. L'acte énonce le nom de famille, les prénoms, le sexe et si possible le domicile du défunt, ainsi que le lieu, le jour et si possible l'heure du décès.

3. Si un cadavre est trouvé et que le lieu ou le jour du décès ne puisse être suffisamment précisé, l'acte de décès est dressé, sur déclaration écrite du ministère public, par l'officier de l'état civil de la commune où le cadavre a été trouvé ou porté à terre.

4. L'acte énonce dans ce cas le nom de famille, les prénoms, le sexe et si possible le domicile du défunt, ainsi que le lieu, le jour et l'heure où le cadavre a été trouvé.

5. Si le défunt était marié, l'acte de décès énonce aussi si possible le nom de famille et les prénoms du conjoint.

Article 20.

1. Lorsqu'un enfant est mort-né ou qu'un enfant nouveau-né est décédé avant que sa naissance n'ait été déclarée, il n'est dressé ni acte de naissance, ni acte de décès.

2. L'officier de l'état civil insère dans le registre des décès un acte énonçant que l'enfant n'est pas en vie au moment de la déclaration. L'acte est dressé par l'officier de l'état civil de la commune où l'enfant est né ou a été trouvé ou, si l'enfant est né ou a été trouvé aux Pays-Bas, mais en dehors du territoire d'une commune, par l'officier de l'état civil de la commune de La Haye. Est qualifié pour faire la déclaration quiconque de science personnelle a connaissance du fait que l'enfant n'est pas en vie.

3. L'article 17 du présent livre s'applique par analogie, étant entendu que l'acte ne mentionne pas de prénoms.

4. Lorsque l'enfant est né vivant, le tribunal dans le ressort duquel l'enfant est né peut ordonner, en appliquant par analogie l'article 29 du présent livre, de compléter les registres par un acte de naissance et un acte de décès, et de radier l'acte dressé en application du deuxième paragraphe.

Article 21.

1. L'officier de l'état civil dresse les actes d'inscription des lettres de légitimation, des arrêtés de changement ou de désignation de noms et des actes authen-

tiques de reconnaissance d'enfants illégitimes dressés hors de l'état civil, ainsi que des décisions judiciaires passées en force de chose jugée qui contiennent:

a. la déclaration de nullité de mariage, le divorce, la dissolution de mariage après séparation de corps, ou l'annulation d'une telle décision, déjà inscrite;

b. l'ordre de changement de prénoms, l'adoption ou la révocation de l'adoption, l'annulation de reconnaissance, la décision déclarant fondée une action en contestation ou en réclamation d'état, ou l'annulation d'une telle décision, déjà inscrite.

2. Les actes d'inscription prévus au paragraphe 1 sous *a* sont insérés dans le registre dans lequel l'acte de mariage est inscrit, et les autres actes d'inscription énumérés au paragraphe 1 dans le registre dans lequel l'acte de naissance de la personne intéressée est inscrit.

3. Dans le dernier de ces registres sont également inscrits les actes de déclaration et de reconnaissance prévus à l'article 198 du présent livre, dressés par l'officier de l'état civil. En dehors du cas de l'article 198, tout officier de l'état civil est compétent pour dresser un acte de reconnaissance; cet acte est également inséré dans le registre des naissances.

4. Dès qu'une décision prévue au paragraphe 1 est passée en force de chose jugée, le greffier de la juridiction devant laquelle la cause était pendante en dernier lieu en envoie une copie à l'officier de l'état civil, à l'exception des décisions contenant un divorce ou une dissolution de mariage après séparation de corps.

5. Notre Ministre de la Justice envoie immédiatement à l'officier de l'état civil une copie des lettres de légitimation et des arrêtés de changement ou de désignation de noms.

6. Le notaire qui a dressé l'acte de reconnaissance d'un enfant illégitime en envoie immédiatement une copie ou un extrait à l'officier de l'état civil.

Article 22.

1. Si un acte d'inscription doit être inséré aux registres de l'état civil de la commune où un mariage a été célébré et que cette commune ait été supprimée, l'acte est dressé dans la commune dont les archives renferment les registres de l'état civil de la commune supprimée. Si le mariage a été célébré en dehors des Pays-Bas, l'acte est dressé par l'officier de l'état civil de la commune de La Haye.

2. Le précédent paragraphe s'applique par analogie à tous les actes qui doivent être inscrits dans un des autres registres énumérés à l'article 16 du présent livre.

Article 23.

1. Il est fait mention des actes de l'état civil énumérés à l'article 21 du présent livre en marge de l'acte de mariage pour autant qu'il s'agisse d'un des actes

visés au paragraphe 1 sous *a* et, en tant qu'il est question des autres actes, en marge de l'acte de naissance. Si le mariage a été contracté ou si l'acte de naissance a été dressé en dehors des Pays-Bas, et que l'acte de mariage ou l'acte de naissance ait été inscrit dans un registre de l'état civil de ce pays, la mention marginale est portée sur l'acte d'inscription.

2. Il est fait mention de l'acte d'opposition au mariage signifié à l'officier de l'état civil en marge ou au pied de l'acte de déclaration, de même que des jugements ou actes de mainlevée de cette opposition.

Article 24.

Les parties intéressées peuvent se faire représenter par un mandataire spécialement constitué à cette fin par acte authentique dans tous les cas où elles ne sont pas tenues de comparaître en personne devant l'officier de l'état civil.

Article 25.

Séront réglés par mesure générale d'administration:

a. de quelle manière et en quel lieu les actes de naissance et de décès seront dressés et inscrits, toutes les fois qu'il ne peut y être procédé de la manière ordinaire par suite d'une interdiction de circuler ou de calamités, d'actions militaires, de maladies contagieuses ou d'autres circonstances extraordinaires;

b. de quelle manière et en quel lieu seront dressés les actes de décès de militaires ou d'autres personnes appartenant aux forces armées et qui sont décédés en campagne, au combat ou au service de l'État en dehors des Pays-Bas;

c. de quelle manière et en quel lieu seront dressés les actes de naissance et de décès de ceux qui sont nés ou décédés au cours d'un voyage;

d. dans quelle mesure et de quelle manière il doit être fait mention dans un registre de l'état civil tenu aux Pays-Bas d'actes de naissance, de mariage et de décès dressés en dehors de ce pays, ainsi que d'actes dressés et de décisions judiciaires rendues en dehors des Pays-Bas et qui ont des effets similaires à ceux des actes et décisions judiciaires visés à l'article 21 du présent livre;

e. tout ce qui concerne par ailleurs le ministère de l'officier de l'état civil, l'agencement des registres, la faculté et l'obligation de faire des déclarations, les pièces à produire à l'officier, la manière de dresser les actes, leur contenu, l'inscription de mentions marginales, la conservation et la consultation des registres et des pièces produites à l'officier ainsi que la délivrance de copies et d'extraits, le tout pour autant que la loi ne contienne pas de dispositions à ce sujet.

Article 26.

1. L'acte de naissance prouve à l'égard de tous qu'aux lieu, jour et heure in-

diqués dans l'acte, est né de la personne qui y est mentionnée comme la mère un enfant du sexe énoncé dans l'acte. La même force probante est reconnue à la mention du lieu où l'enfant a été trouvé, si l'acte mentionne que le lieu de sa naissance n'est pas connu.

2. L'acte de décès prouve à l'égard de tous qu'aux lieu, jour et heure indiqués dans l'acte, la personne y mentionnée est décédée ou, si l'acte a été dressé conformément à l'article 19 paragraphe 3 du présent livre, que le cadavre de la personne y mentionnée a été trouvé aux lieu, jour et heure indiqués dans l'acte.

3. Pour ce qui est du reste, les actes de l'état civil ont la même force probante que les autres actes authentiques.

Article 27.

Les copies ou extraits authentiques dressés dans les formes légales et délivrés par le dépositaire du registre qualifié pour délivrer ces copies ou extraits ont la même force probante que l'original, sauf s'il est prouvé qu'ils n'y sont pas conformes.

Article 28.

1. Toute personne peut se faire délivrer par le dépositaire d'un registre une copie complète ou l'extrait d'un acte inscrit sur ce registre. Cette copie ou cet extrait contient également les mentions marginales qui ont été portées à l'acte en vertu de prescriptions légales.

2. S'il s'agit d'un acte de naissance et sauf dans les cas où il lui est expressément demandé une copie ou un extrait comme prévu au paragraphe précédent, le dépositaire ne délivre qu'un extrait analytique, reproduisant les éléments énoncés au paragraphe suivant tels qu'ils ressortent de l'acte, en tenant compte des mentions marginales qui y ont été portées en vertu de prescriptions légales.

3. L'extrait analytique énonce le lieu et la date de la naissance, le nom de famille, les prénoms et le sexe de l'enfant. Si le demandeur le désire, le nom de famille et les prénoms de la mère et du père de l'enfant y sont également énoncés; s'il s'agit d'un enfant adopté, seuls les noms des adoptants sont énoncés.

Article 29.

1. Le tribunal dans le ressort duquel un acte est ou aurait dû être inscrit dans les registres de l'état civil peut ordonner, à la requête des intéressés ou sur réquisition du ministère public, de compléter un registre de l'état civil par un acte qui y manque, de radier un acte qui y figure à tort ou de rectifier un acte qui y est inscrit mais qui est incomplet ou qui contient une erreur. Le tribunal peut également ordonner, dans l'ordonnance en rectification d'un acte qui est incomplet ou qui contient une erreur, de rectifier de la même manière un acte concernant la même personne ou ses descendants, qui est inscrit en dehors de

son ressort dans les registres de l'état civil. Appel de l'ordonnance doit être interjeté dans les deux mois de sa date.

2. Le greffier de la juridiction devant laquelle la cause était pendante en dernier lieu envoie une copie de l'ordonnance, dès que celle-ci est passée en force de chose jugée, à l'officier de l'état civil de la commune dans les registres de laquelle l'acte est ou aurait dû être inscrit. Si cette commune a été supprimée, il envoie la copie à l'officier de la commune dont les archives renferment les registres de l'état civil de la commune supprimée.

3. L'officier complète, radie ou rectifie l'acte en inscrivant dans le registre un acte d'inscription de la décision. Il est fait mention de l'inscription du dispositif de radiation ou de rectification en marge ou au pied de l'acte en question.

4. Les fautes évidentes d'écriture ou d'orthographe peuvent être rectifiées même sans l'intervention du juge en vertu d'une injonction du ministère public au dépositaire des registres.

TITRE 5

DU MARIAGE

Disposition générale

Article 30.

La loi ne considère le mariage que sous ses rapports civils.

SECTION 1

Des conditions requises pour contracter mariage

Article 31.

1. L'homme doit avoir atteint l'âge de dix-huit ans, la femme celui de seize ans pour pouvoir contracter mariage.

2. Il est loisible au Roi d'accorder une dispense d'âge pour des motifs graves.

Article 32.

Le mariage ne peut être contracté lorsque les facultés mentales d'une partie sont dérangées à un point tel qu'elle n'est pas à même de déterminer sa volonté ou de comprendre le sens de sa déclaration.

TITRE 5 – DU MARIAGE

Article 33.

L'homme ne peut en même temps être marié qu'avec une femme, la femme qu'avec un seul homme.

Article 34.

1. La femme dont le mariage est dissous par décès ne peut contracter de nouveau mariage qu'après 306 jours révolus depuis la dissolution du mariage précédent.

2. L'empêchement au mariage prévu au paragraphe précédent n'existe pas:

a. lorsque la femme a atteint l'âge de 52 ans;

b. lorsqu'elle a mis un enfant au monde après le décès de son mari;

c. lorsqu'elle produit un certificat délivré au moins trente jours après le décès de son mari par un expert désigné par mesure générale d'administration attestant qu'elle n'a été enceinte à aucun moment après le décès;

d. lorsqu'elle et son mari décédé étaient séparés de corps ou ont vécu séparés pendant les 306 derniers jours du mariage.

Article 35.

1. Le mineur ne peut contracter mariage sans le consentement du père et de la mère pour autant qu'ils aient avec lui des rapports de droit familial.

2. N'est pas requis le consentement du père ou de la mère dont les facultés mentales sont dérangées à un point tel qu'il n'est pas à même de déterminer sa volonté ou de comprendre le sens de sa déclaration.

3. Le mineur qui se trouve sous tutelle a également besoin du consentement de son tuteur et de son subrogé tuteur.

Article 36.

1. Si un consentement exigé en vertu de l'article précédent n'est pas obtenu, il peut être remplacé, à la requête du mineur, par celui du juge de canton.

2. Toutefois ce remplacement ne peut se faire en cas de refus de consentement par le père ou la mère qui exerce son autorité sur son enfant légitime.

Article 37.

1. L'interdit pour cause de prodigalité ou d'alcoolisme ne peut contracter mariage sans le consentement de son curateur et de son subrogé curateur.

2. Si ce consentement n'est pas obtenu, il peut être remplacé, à la requête de la personne interdite, par le consentement du juge de canton.

Article 38.

L'interdit pour cause de dérangement mental ne peut contracter mariage sans le consentement du juge de canton.

Article 39.

1. Le mineur ou l'interdit qui désire obtenir le consentement du juge de canton en vue de contracter mariage s'adresse au juge de canton de son domicile ou, à défaut de domicile aux Pays-Bas, à celui de sa résidence dans ce pays ou encore, à défaut d'une telle résidence, au juge de canton de La Haye.

2. Le juge de canton statute après audition ou convocation régulière de ceux dont le consentement est requis ou, dans le cas de l'article 38 du présent livre, du curateur et du subrogé curateur; il peut entendre aussi les parents et alliés du requérant.

3. Seuls le demandeur lui-même, ainsi que ceux dont la convocation en vue d'audition est prescrite au paragraphe précédent ou ceux qui ont été entendus en tant que parents ou alliés, peuvent interjeter appel de la décision du juge de canton.

4. Si le juge de canton a accordé son consentement, le délai d'appel est de quatorze jours et l'ordonnance ne peut être exécutée pendant ce délai.

5. Celui qui se pourvoit contre une décision accordant le consentement est tenu de faire dénoncer son recours par exploit d'huissier pendant le délai d'appel à l'officier ou aux officiers de l'état civil devant lesquels la célébration du mariage peut avoir lieu. En négligeant de ce faire, il perd le droit de demander l'annulation du mariage pour cause d'absence de son consentement, au cas où le tribunal annulerait la décision du juge de canton alors que le mariage aurait déjà été célébré.

Article 40.

Le mineur qui est mis à la disposition du Gouvernement en vertu de l'article 77*h* sous *a*, 1° du Code pénal, ou qui est placé dans un institut de traitement spécial en vertu de l'article 77*h* sous *a*, 2° de ce Code, a besoin—tant que cette mesure n'a pas inconditionnellement pris fin—du consentement de Notre Ministre de la Justice pour contracter mariage.

Article 41.

1. Le mariage est prohibé entre ascendants et descendants ou entre frères et soeurs, que leur parenté soit de naissance ou d'adoption, légitime ou naturelle.

2. Le mariage est également prohibé entre alliés en ligne ascendante ou descendante.

3. Il est loisible au Roi de lever par des dispenses pour des motifs graves la prohibition portée aux mariages entre frères et soeurs par adoption.

Article 42.

1. Les personnes dont le mariage a pris fin par le divorce ou par la dissolution après la séparation de corps ne peuvent se réunir par un nouveau mariage qu'après un délai d'un an depuis la dissolution de leur mariage.

2. Un mariage subséquent entre les mêmes personnes est interdit.

SECTION 2

Des formalités devant précéder la célébration du mariage

Article 43.

1. Ceux qui veulent contracter mariage l'un avec l'autre doivent en faire la déclaration à l'officier de l'état civil du domicile d'une des parties.

2. La déclaration est faite en personne, ou par des écrits qui sont de nature à manifester l'intention des futurs époux avec une certitude suffisante.

3. L'officier de l'état civil dresse un acte de la déclaration.

Article 44.

1. La publication est faite à la diligence de l'officier de l'état civil, par affichage à la maison communale, dans la semaine suivant la déclaration, à une date à déterminer par mesure générale d'administration, d'un écrit dressé par cet officier. L'écrit reste affiché pendant dix jours.

2. Cet écrit doit contenir:

a. les noms, les prénoms, l'âge, la profession et le domicile des futurs époux et, s'ils ont déjà été mariés précédemment, les noms de leurs précédents conjoints;

b. le jour et le lieu où la publication est faite.

3. L'écrit est signé par l'officier de l'état civil.

Article 45.

1. Lorsque les futurs époux n'ont pas leur domicile dans la même commune, la publication se fait dans chacune des communes où les parties sont domiciliées.

2. Si l'un des futurs époux n'est pas encore domicilié dans la commune pendant plus de six mois, la publication se fait en outre dans la commune où il était domicilié précédemment.

3. La publication se fait également dans la commune désignée par les futurs époux, si ceux-ci le demandent lors de la déclaration. Il est fait mention de la demande dans l'écrit prévu à l'article précédent.

Article 46.

Lorsque le mariage n'est pas célébré dans l'année à dater de la publication, il ne peut être célébré qu'à la suite d'une nouvelle déclaration, suivie de publication.

Article 47.

1. Lorsqu'un mineur désire contracter mariage, l'officier de l'état civil recherche de quelles personnes le consentement est requis.

2. L'officier recherche en outre si le mineur est soit placé sous surveillance, soit confié provisoirement au conseil de protection de l'enfance, ou s'il lui a été imposé conditionnellement une mesure soit de mise à la disposition du Gouvernement, soit de placement dans un institut de traitement spécial. Si l'un de ces cas se révèle, il prévient immédiatement du mariage projeté le juge des enfants en cas de mise sous surveillance et le conseil de protection de l'enfance dans les autres cas.

Article 48.

Si celui qui veut se remarier a la tutelle sur des enfants issus d'un mariage précédent, l'officier de l'état civil donne immédiatement connaissance de la déclaration qui lui a été faite au juge de canton du domicile du père tuteur ou de la mère tutrice.

Article 49.

1. Les promesses de mariage ne donnent d'action ni pour contraindre au mariage, ni en dommages et intérêts pour manquement à celles-ci; toutes dispositions contraires sont nulles.

2. Cependant, si la déclaration de mariage à l'officier de l'état civil a déjà été faite et qu'elle ait été suivie de publication, il peut y avoir lieu à une action en réparation des pertes patrimoniales réelles, sans qu'il soit tenu compte d'une privation de gain quelconque. Cette action ne peut plus être intentée après dix-huit mois révolus à compter du jour de la publication du mariage.

SECTION 3

De l'opposition au mariage

Article 50.

Il peut être formé opposition au mariage lorsque les parties ne réunissent pas les conditions voulues pour contracter mariage, ou lorsque la publication requise n'a pas eu lieu.

Article 51.

1. Les parents en ligne directe, frères, soeurs, tuteurs, subrogés tuteurs, curateurs et subrogés curateurs de l'un des futurs époux ont le droit de former opposition.

2. Les personnes énumérées au paragraphe précédent ont également le droit de former opposition au mariage si l'autre futur époux est interdit, et qu'il est manifeste que le mariage entraînerait le malheur de la partie dont elles sont parent, tuteur, subrogé tuteur, curateur ou subrogé curateur.

Article 52.

Celui qui est lié par mariage à l'une des parties peut, en se fondant sur l'existence de ce mariage, former opposition au nouveau mariage projeté.

Article 53.

1. Le ministère public est tenu de former opposition au mariage projeté s'il connaît l'existence d'un des cas d'empêchement au mariage énumérés aux articles 31–34 et 41–42 du présent livre.

2. Le ministère public peut former opposition au mariage d'un mineur qui se trouve sous surveillance ou qui est provisoirement confié au conseil de protection de l'enfance, si l'intérêt du mineur s'oppose à ce que le mariage soit contracté; cependant il peut être également tenu compte de l'intérêt au mariage projeté dans le chef de l'autre partie.

3. Le ministère public a le même pouvoir pour ce qui concerne le mineur à qui a été imposé conditionnellement soit la mesure de mise à la disposition du Gouvernement, soit de placement dans un institut de traitement spécial.

Article 54.

1. L'opposition se forme par la signification d'un acte à l'officier de l'état civil de l'une des communes où la publication a eu lieu.

2. L'acte contient élection de domicile dans cette commune ainsi que les motifs de l'opposition, et énonce la qualité en vertu de laquelle l'opposant a le droit de former opposition au mariage; le tout à peine de nullité.

3. L'officier auquel l'acte est signifié donnera immédiatement connaissance de l'opposition à l'officier de l'état civil des autres communes où la publication a été faite.

4. L'opposant fera immédiatement signifier une copie de l'acte d'opposition à la partie contre laquelle l'opposition est dirigée.

Article 55.

Il peut être donné mainlevée de l'opposition:

a. de la même manière que celle utilisée pour la former;

b. par une déclaration faite en personne devant un des officiers de l'état civil énumérés à l'article précédent;

c. par une déclaration faite devant notaire;

d. par un jugement passé en force de chose jugée.

Article 56.

Le mariage ne peut être célébré avant qu'il ne soit donné mainlevée de l'opposition. S'il était néanmoins célébré alors que l'action en mainlevée de l'opposition est pendante, cette action peut être poursuivie à la demande de l'opposant et le mariage est annulé si l'opposition est admise comme bien-fondée.

Article 57.

L'officier de l'état civil qui connaît l'existence d'un des empêchements au mariage énumérés aux articles 31–34 et 41–42 du présent livre ne peut participer à la célébration du mariage ni faire une publication de mariage même si aucune opposition n'avait été formée.

SECTION 4

De la célébration du mariage

Article 58.

Avant d'admettre les parties à la célébration du mariage, l'officier de l'état civil se fait remettre:

a. l'acte de naissance de chacun des futurs époux;

b. l'acte de consentement au mariage de ceux dont le consentement est nécessaire. L'acte de consentement au mariage est dressé par un officier de l'état civil ou par un notaire. Le consentement peut aussi être donné dans l'acte de mariage. Si le consentement est donné par le juge ou par Notre Ministre de la Justice, sa décision est produite;

c. l'acte de décès de tous ceux dont le consentement aurait été nécessaire s'ils avaient été en vie;

d. en cas de second mariage ou de mariage subséquent, les documents justifiant que le mariage précédent ne constitue pas un empêchement au nouveau mariage;

e. la preuve de ce que la publication du mariage a été effectuée au lieu où elle est requise sans qu'il ait eu opposition, ou de ce qu'une opposition formée a été levée;

f. la preuve de la dispense ou de l'autorisation du Roi, dans les cas ou celle-ci est requise;

g. lorsqu'il a été obtenu soit une ordonnance telle que la prévoit l'article 61 du présent livre, soit la dispense prévue à l'article 62 de ce livre, aussi bien cette ordonnance ou cette dispense.

Article 59.

1. Le futur époux qui est dans l'impossibilité de produire son acte de naissance comme il est exigé par l'article précédent, peut y remédier par un acte de notoriété, délivré par le juge de canton du lieu de sa naissance ou de son domicile, sur la déclaration de quatre témoins majeurs.

2. Cette déclaration contient la mention du lieu et, autant que possible, du moment de la naissance, ainsi que les causes qui empêchent d'en remettre l'acte.

3. Il peut également être remédié à l'absence d'acte de naissance, soit par une déclaration semblable mais faite sous serment par les témoins qui sont présents à la célébration du mariage, soit par une déclaration faite sous serment devant l'officier de l'état civil par le futur époux, affirmant qu'il ne peut se procurer ni acte de naissance, ni acte de notoriété. Il est fait mention de cette déclaration dans l'acte de mariage.

Article 60.

Si les parties ne sont pas à même de produire les actes de décès prévus à l'article 58 sous *c* du présent livre, il peut y être rémedié de la même manière que celle prévue à l'article précédent.

Article 61.

1. Si l'officier de l'état civil refuse de faire une publication de mariage ou, sauf le cas d'opposition, refuse de participer à la célébration du mariage, les parties ont le droit de s'adresser par requête au tribunal dans le ressort duquel la déclaration de mariage a été faite.

2. Le juge statue dans chaque instance, le ministère public entendu, dans le plus bref délai, et le greffier envoie immédiatement une copie de la décision finale, sous pli recommandé, aux parties et à l'officier de l'état civil. Ceux-ci seuls peuvent interjeter appel, dans les quatorze jours de la date à laquelle la copie de l'ordonnance a été envoyée.

Article 62.

1. Le mariage ne peut être célébré avant le dixième jour après celui de la publication, ce jour même non compris.

2. Le ministère public près le tribunal dans le ressort duquel la déclaration de mariage a eu lieu peut dispenser, pour des motifs graves, de la publication et du délai prescrit.

3. L'affichage de la dispense accordée a lieu dans le plus bref délai à la maison communale où le mariage sera ou a été célébré. Le moment auquel la célébration du mariage aura ou a eu lieu est mentionné dans cet affichage.

Article 63.

1. Le mariage est célébré publiquement dans la maison communale, devant l'officier de l'état civil d'une des communes où la publication a eu lieu, en présence d'au moins deux et d'au plus quatre témoins majeurs.
2. Si le ministère public a accordé dispense de la publication, le mariage peut être célébré devant l'officier de l'état civil d'une des communes énumérées à l'article 45 du présent livre.

Article 64.

1. Si par un empêchement légitime, dûment constaté, l'une des parties est hors d'état de se rendre à la maison communale, le mariage peut être célébré dans une maison particulière de la même commune, pour autant que ce soit en présence de six témoins majeurs.
2. Il est fait mention dans ce cas, dans l'acte de mariage, de la raison qui a nécessité ce mode de célébration.

Article 65.

Les futurs époux doivent comparaître en personne devant l'officier de l'état civil pour contracter mariage.

Article 66.

Il est loisible au Roi, pour des motifs graves, d'accorder aux parties la permission de se marier par mandataire spécial, désigné par acte authentique.

Article 67.

1. Les futurs époux doivent déclarer, devant l'officier de l'état civil et en présence des témoins, qu'ils se prennent mutuellement pour époux et qu'ils rempliront fidèlement toutes les obligations que la loi attache à l'état de mariage.
2. Immédiatement après que cette déclaration a été faite, l'officier de l'état civil déclare que les parties sont unies par le mariage et il en dresse un acte dans le registre à ce destiné.

Article 68.

Aucune cérémonie religieuse ne pourra avoir lieu avant que les parties n'aient justifié au ministre du culte de la célébration de leur mariage devant l'officier de l'état civil.

SECTION 5

De l'annulation du mariage

Article 69.

1. Pour autant qu'il n'en soit pas disposé autrement ci-après, l'annulation du mariage pour le motif que les époux ne réunissaient pas les conditions pour contracter mariage l'un avec l'autre, peut être demandée par:
*a.*les ascendants de l'un des époux;
*b.*chacun des époux;
*c.*toutes autres personnes qui y ont un intérêt né et actuel, mais celles-ci uniquement après la dissolution du mariage;
*d.*le ministère public, mais celui-ci uniquement tant que le mariage n'est pas dissous.

2. Celui qui est encore lié à l'un des époux par un mariage précédent peut également demander, en se fondant sur l'existence de ce mariage, que le mariage subséquent soit annulé.

Article 70.

1. Le mariage peut être annulé à la demande du père, de la mère, des époux et du ministère public lorsqu'il a été célébré en présence d'un officier de l'état civil incompétent ou sans la présence du nombre de témoins requis.

2. L'époux perd le droit de demander l'annulation du mariage de ce chef s'il y a possession d'état de mariage et qu'il existe un acte de célébration du mariage dressé devant un officier de l'état civil.

Article 71.

1. Un époux peut demander que son mariage soit annulé lorsque celui-ci a été contracté sous l'influence d'une menace sérieuse et illégale.

2. L'époux qui lors de la célébration du mariage a été en erreur, soit sur la personne de l'autre époux, soit quant à la signification de la déclaration par lui faite, dispose de la même action.

3. Le droit de l'époux de demander que son mariage soit annulé pour cause de menace ou d'erreur prend fin lorsque les époux ont habité ensemble pendant six mois depuis que la menace a cessé ou depuis la découverte de l'erreur sans que l'action ne soit intentée.

Article 72.

Le mariage ne peut être annulé:
*a.*à raison de ce qu'il a été conclu dans les 306 jours de la dissolution par décès d'un mariage précédent de l'épouse;

*b.*à raison de ce qu'un des époux était interdit au moment de la célébration du mariage, et qu'il est manifeste que le mariage entraînerait le malheur de l'autre époux.

Article 73.

L'annulation du mariage pour cause de dérangement mental ne peut plus être demandée après que le dérangement a pris fin que par l'époux qui était dérangé mentalement. L'action s'éteint par le fait d'habiter ensemble durant au moins six mois après que le dérangement a pris fin.

Article 74.

L'annulation du mariage contracté par une personne qui n'avait pas atteint l'âge requis ne peut être demandée lorsque cette personne a atteint l'âge requis au jour de la demande, ni lorsque la femme qui n'avait pas atteint l'âge requis a conçu avant le jour de la demande.

Article 75.

1. L'annulation du mariage pour cause de défaut du consentement exigé d'un tiers ne peut être demandée que par ce tiers ou, dans le cas de l'article 38 du présent livre, par le curateur ou le subrogé curateur. L'action s'éteint lorsque celui qui a le droit de demander l'annulation a approuvé expressément ou tacitement le mariage, ou si trois mois se sont écoulés depuis qu'il a eu connaissance de la célébration du mariage.

2. Celui qui a le droit de demander l'annulation est présumé avoir eu connaissance du mariage lorsque celui-ci a été célébré aux Pays-Bas ou lorsque, célébré en dehors de ce pays, il a été inscrit aux Pays-Bas dans les registres de l'état civil.

Article 76.

Sauf ce qui est prévu à l'article 56 du présent livre, le juge n'annule un mariage que sur base d'une action introduite conformément aux dispositions de la présente section.

Article 77.

1. L'annulation du mariage sort ses effets dès que le jugement est passé en force de chose jugée; elle rétroagit au moment de la célébration du mariage.

2. Cependant le jugement ne rétroagit pas et a le même effet qu'un divorce:

*a.*à l'égard des enfants des époux;

*b.*à l'égard de l'époux de bonne foi; toutefois celui-ci ne peut prétendre à une communauté de biens lorsque le mariage est annulé pour cause d'existence d'un mariage précédent;

*c.*à l'égard des autres personnes que les époux et leurs enfants légitimes, pour autant que des droits aient été acquis par elles de bonne foi avant l'inscription de la déclaration de nullité.

SECTION 6
De la preuve de l'existence du mariage

Article 78.

L'existence d'un mariage conclu aux Pays-Bas ne peut être prouvée autrement que par l'acte de mariage, sauf dans les cas prévus par les articles suivants.

Article 79.

S'il n'a pas existé de registre des mariages, ou s'il est perdu, ou si l'acte de mariage y manque, la preuve de l'existence du mariage peut être fournie par témoins ou documents, pour autant qu'il y ait possession d'état du mariage.

Article 80.

Si la légitimité d'un enfant qui a la possession de cet état est contestée dans un procès, le fait que son père et mère ont vécu publiquement comme mari et femme constitue une preuve suffisante de leur mariage.

TITRE 6
DES DROITS ET DEVOIRS DES ÉPOUX

Article 81.

Les époux se doivent mutuellement fidélité, secours et assistance. Ils sont tenus de se fournir l'un à l'autre ce qui leur est nécessaire.

Article 82.

Les époux sont tenus l'un à l'égard de l'autre d'entretenir et d'élever leurs enfants.

Article 83.

1. Les époux sont tenus l'un à l'égard de l'autre d'habiter ensemble, à moins que des motifs graves ne s'y opposent.

2. Le lieu de leur habitation commune est fixé de commun accord et, à défaut d'accord, par le mari. La femme fixe cependant le lieu de leur habitation commune lorsque le mari est interdit, ne peut ou ne veut manifester sa volonté à ce sujet, ou lorsque l'entretien de la famille est exclusivement ou principalement assuré par le travail de la femme.

3. Si une décision prise par l'un des époux conformément au paragraphe 2 présente de graves dangers pour les intérêts d'ordre moral ou spirituel d'un ou de plusieurs membres de la famille ou pour leur santé, l'autre époux peut s'adresser au tribunal pour demander l'annulation de cette décision.

Article 84.

1. Les frais du ménage, y compris les frais d'entretien et d'éducation des enfants, sont supportés par les revenus communs des époux et, pour autant que ceux-ci soient insuffisants, par leurs revenus propres, au prorata de ceux-ci; si les revenus sont insuffisants, ces frais sont supportés par le patrimoine commun et, pour autant que celui-ci soit également insuffisant, par les patrimoines propres, au prorata de ceux-ci. Le tout à moins que des circonstances particulières ne s'y opposent.

2. Les époux sont tenus l'un à l'égard de l'autre de participer à la charge des dépenses prévues au premier paragraphe, conformément à ce qui y est disposé, au moyen des biens dont ils ont l'administration, à moins que des circonstances particulières ne s'y opposent.

3. Les parties peuvent, par conventions matrimoniales, conclure un arrangement différent de ce qui est prévu dans les paragraphes précédents.

4. Les litiges entre époux relatifs à l'application des paragraphes précédents sont tranchés par le tribunal, à la requête des deux époux ou de l'un d'eux.

5. Le tribunal peut, à la requête des deux époux ou de l'un d'eux, modifier une décision intervenue ou une règlementation prise par conventions matrimoniales, à cause du fait que les circonstances se sont modifiées.

6. Lorsque les époux n'habitent pas ensemble et que ceci est dû au comportement déraisonnable de l'un d'eux, les obligations prévues au deuxième paragraphe sont remplacées par l'obligation pour cet époux de payer une pension alimentaire à l'autre époux, sans préjudice à leur obligation à tous deux de contribuer aux frais d'entretien et d'éducation des enfants. Pour la détermination de cette pension, il est également tenu compte de l'existence de l'arrangement visé au paragraphe 3.

Article 85.

1. L'un des époux est tenu avec l'autre pour le tout des engagements pris par cet autre époux pour les besoins normaux du ménage, y compris ceux qui dé-

coulent de contrats de travail conclus par cet autre époux en qualité d'employeur pour les besoins du ménage.

2. Le mari est obligé de mettre à la disposition de la femme tant qu'elle habite avec lui des sommes d'argent nécessaires aux besoins normaux du ménage; si les époux, de commun accord, n'habitent pas ensemble, le mari est obligé de mettre à la disposition de la femme des sommes d'argent nécessaires aux besoins normaux du ménage de la femme.

3. Ce faisant, il peut tenir compte du montant provenant des biens administrés par la femme, et que celle-ci est tenue d'affecter à cette fin.

4. Les litiges entre époux au sujet de ce qui précède sont tranchés par le tribunal, à la requête des deux époux ou de l'un d'eux. Une décision intervenue peut être modifiée de la même façon qu'elle a été prise, si les circonstances se sont modifiées.

Article 86.

1. Le tribunal peut, pour de justes raisons, à la requête d'un des époux, statuer que celui-ci ne sera pas tenu des engagements prévus au premier paragraphe de l'article précédent qui seraient contractés dans l'avenir par l'autre époux. Si telle demande a été faite par le mari, et qu'il soit fait droit à cette demande, le tribunal peut statuer aussi que le mari n'est plus obligé de mettre des sommes d'argent à la disposition de sa femme conformément à l'article précédent, paragraphe 2.

2. Toute décision judiciaire intervenue conformément au présent article peut être modifiée ou abrogée de la même façon qu'elle a été prise, si les circonstances se sont modifiées.

3. La décision ne peut être opposée aux tiers qui en ignoraient l'existence que pour autant qu'elle ait été inscrite au registre des conventions matrimoniales prévu à l'article 116 du présent livre et que quatorze jours se soient écoulés depuis cette inscription.

4. Il peut être prévu dans la décision qu'elle doit en outre être publiée dans un ou plusieurs journaux désignés par le juge. Dans ce cas, la décision, tant qu'elle n'a pas été publiée dans ces journaux, est également sans effets au détriment des tiers qui en ignoraient l'existence.

Article 87.

1. Si les époux ont un ménage commun, l'un d'eux ne peut acheter à tempérament des choses destinées manifestement aux besoins du ménage qu'avec le concours de l'autre époux; les deux époux sont tenus pour le tout. S'il s'agit d'une convention qui doit être conclue par écrit et que l'un des époux ne concoure pas lui-même à l'acte, sa procuration écrite est exigée.

2. Si l'un des époux est absent, se trouve dans l'impossibilité de manifester

sa volonté ou refuse son concours, le juge de canton peut autoriser l'autre époux, à sa requête, à conclure l'achat à tempérament.

Article 88.

1. Un époux a besoin du consentement de l'autre pour les actes juridiques suivants:

a. les conventions tendant à aliéner, à grever de charges ou à donner en usage soit l'habitation occupée par les deux époux ou par l'autre époux, soit des choses faisant partie de cette habitation ou de son mobilier, ainsi que les actes tendant à mettre fin à tel usage. Par mobilier s'entend, pour l'application de cet article, l'ensemble de l'ameublement et des effets mobiliers servant à garnir et à meubler l'habitation, à l'exception des bibliothèques et des collections d'art ou d'ordre scientifique ou historique;

b. les donations, à l'exception de celles qui sont usuelles et non excessives;

c. les conventions par lesquelles, autrement que dans l'exercice d'une profession ou d'une industrie, il s'engage comme caution ou comme co-débiteur solidaire, il se porte fort pour un tiers ou il s'engage à titre de sûreté pour la dette d'un tiers.

2. Si l'autre époux est absent ou dans l'impossibilité de manifester sa volonté, ou s'il refuse son consentement, la décision du juge de canton peut être demandée.

Article 89.

1. Lorsqu'un acte juridique a été conclu par l'un des époux à l'encontre de ce qui est prescrit à l'article précédent, l'autre époux peut l'annuler par une déclaration adressée à la contrepartie à l'acte, et intenter les actions découlant de cette nullité, à moins que la contrepartie ne fût de bonne foi et que l'acte juridique ne fût pas une donation. Les droits acquis autrement qu'à titre gratuit par des tiers de bonne foi sont cependant respectés.

2. Le droit pour l'autre époux d'annuler l'acte s'éteint, lorsqu'un terme raisonnable lui avait été fixé à cette fin par une personne directement intéressée, après l'expiration de ce terme, et en tout cas un an après qu'il a reçu connaissance de l'acte.

Article 90.

1. Lorsque l'un des époux, par suite de son absence ou de toute autre cause, se trouve dans l'impossibilité d'administrer ses biens ou ceux de la communauté, ou qu'il manque gravement à son obligation d'administrer les biens de la communauté, le tribunal peut, à la requête de l'autre époux, charger celui-ci, à l'exclusion de l'époux défaillant, de l'administration de ces biens ou d'une partie de ceux-ci. Le juge ne décide qu'après avoir entendu ou dûment convoqué les

deux époux ainsi que le représentant de l'époux défaillant, s'il en a désigné un. Le juge peut, dans sa décision, établir des règles quant à l'administration de biens par l'autre époux.

2. L'article 86 paragraphes 2–4 du présent livre s'applique par analogie.

Article 91.

Lorsque l'un des époux abandonne l'administration de ses biens à l'autre époux ou que le juge a chargé l'autre époux de l'administration de ces biens, ce dernier est responsable de son administration comme un mandataire, compte tenu des rapports particuliers tels qu'ils existent entre les époux, ainsi que de la nature des biens.

Article 92.

Si un tiers ne peut savoir lequel des époux a le droit d'administrer un bien meuble qui ne soit pas un bien à enregistrer, ou un droit au porteur, il peut considérer celui des époux qui a la chose ou le titre au porteur en sa possession comme ayant ce droit. Par biens à enregistrer s'entendent les biens pour le transfert ou la constitution desquels une transcription ou une inscription dans des registres publics à ce destinés est nécessaire.

Article 92a.

Ce titre ne s'applique pas aux époux séparés de corps.

TITRE 7

DE LA COMMUNAUTÉ LÉGALE DE BIENS

SECTION 1

Dispositions générales

Article 93.

Il existe de plein droit entre les époux, dès le moment de la célébration du mariage, une communauté universelle de biens, pour autant qu'il n'y soit pas dérogé par conventions matrimoniales.

Article 94.

1. La communauté se compose activement de tous les biens présents et futurs

des époux, à l'exception des biens à l'égard desquels il a été stipulé dans l'acte de dernière volonté du testateur ou dans la donation qu'ils restent en dehors de la communauté.

2. Elle se compose passivement de toutes les dettes de chacun des époux.

3. Les biens et les dettes qui sont, de quelque manière que ce soit, particulièrement attachés à la personne de l'un des époux, ne tombent en communauté que pour autant que cet attachement ne s'y oppose pas.

Article 95.

1. Le paiement d'une dette de l'un des époux tombée en communauté peut être poursuivi sur les biens de la communauté aussi bien que sur ses biens propres.

2. L'époux dont les biens propres ont servi à acquitter une dette de la communauté a droit de ce chef à récompense sur les biens de la communauté.

Article 96.

1. Le paiement d'une dette de l'un des époux qui n'est pas tombée en communauté peut aussi bien être poursuivi sur les biens de la communauté, à moins que l'autre époux ne désigne des biens propres à l'époux débiteur, permettant un recours suffisant. Les biens litigieux ou situés en dehors des Pays-Bas n'entrent pas en ligne de compte pour cette désignation.

2. L'époux dont la dette qui n'est pas tombée en communauté a été acquittée au moyen des biens de la communauté doit de ce chef récompense à la communauté.

SECTION 2

De l'administration de la communauté

Article 97.

1. Un bien de la communauté est administré par l'époux par l'entremise duquel il est tombé en communauté, pour autant que les époux n'en aient pas convenu autrement par conventions matrimoniales, ou que le juge n'en ait pas décidé autrement par application de l'article 90 du présent livre. Le pouvoir d'administration comprend celui de conclure des actes de gestion et de disposition quant à ce bien.

2. Si un bien de la communauté est utilisé, avec le consentement de l'époux qui en a l'administration, pour la profession ou l'industrie de l'autre époux, ce bien est administré par cet autre époux, pour autant qu'il s'agisse d'actes devant être considérés comme faisant partie de l'exercice normal de sa profession ou de son industrie, et pour le reste par les époux ensemble. Le consentement accordé

vaut pour toute la durée de l'exercice de la profession ou de l'industrie, à moins que les époux n'en conviennent autrement, mais le tribunal peut à tout moment mettre fin à cette charge pour motifs graves, à la demande de l'un des époux.

Article 98.

1. Un acte d'administration conclu par un des époux à l'encontre de ce qui est prescrit à l'article précédent a les mêmes effets que si l'autre y avait participé, sauf le droit pour ce dernier de l'annuler.

2. L'autre époux peut annuler l'acte par une déclaration adressée à la contrepartie à l'acte, et intenter les actions découlant de cette nullité, sauf si l'acte pouvait être considéré comme étant d'administration courante ou si la contrepartie était de bonne foi. Les droits acquis autrement qu'à titre gratuit par des tiers de bonne foi sont cependant respectés.

3. Le droit pour l'autre époux d'annuler l'acte s'éteint, lorsqu'un terme raisonnable lui avait été fixé à cette fin par une personne directement intéressée, après l'expiration de ce terme, et en tout cas un an après qu'il a reçu connaissance de l'acte.

SECTION 3

De la dissolution de la communauté

Article 99.

La communauté se dissout de plein droit:

*a.*lorsque le mariage a pris fin;

*b.*par la séparation de corps;

*c.*par un jugement de résiliation de la communauté;

*d.*par sa résiliation par conventions matrimoniales ultérieures.

Article 100.

1. Après la dissolution de la communauté, la masse commune est partagée par moitié entre le mari et la femme ou leurs héritiers.

2. Les règles établies au seizième titre du deuxième livre, traitant du partage des successions, sont applicables au partage de la communauté.

Article 101.

Après la dissolution de la communauté, chacun des époux peut reprendre à leur valeur d'évaluation les vêtements et bijoux affectés à son usage personnel, ainsi que les instruments nécessaires à sa profession ou à son industrie et les papiers et souvenirs appartenant à sa famille.

Article 102.

1. Après la dissolution de la communauté, chacun des époux reste tenu, pour la totalité, des dettes de la communauté dont il était tenu auparavant. Il est tenu à concurrence de la moitié des autres dettes de la communauté.

2. L'époux qui acquitte une dette de la communauté pour plus de la moitié dispose d'un recours pour le surplus contre l'autre époux.

Article 103.

1. Chacun des époux a le droit de renoncer à la communauté; toutes conventions contraires sont nulles.

2. La part de la communauté à laquelle il est renoncé accroît la part de l'autre époux.

3. L'époux qui a renoncé ne peut rien revendiquer de la communauté, si ce n'est son lit avec la literie qui l'accompagne et les vêtements dont il a besoin pour son usage personnel. Il peut reprendre à leur valeur d'évaluation les papiers et souvenirs appartenant à sa famille.

4. Il est déchargé par cette renonciation de la responsabilité et de la charge de celles des dettes de la communauté dont il n'était pas tenu avant la dissolution de celle-ci.

5. Il reste tenu des dettes de la communauté dont il était tenu avant la dissolution de celle-ci. S'il a acquitté pour plus de la moitié une dette dont les deux époux étaient tenus, pour la totalité, avant la dissolution de la communauté, il dispose d'un recours pour le surplus contre l'autre époux.

6. Si l'autre époux a acquitté totalement ou partiellement une dette de la communauté dont il n'était pas tenu avant la dissolution de celle-ci, il dispose d'un recours à concurrence de ce montant contre l'époux qui a renoncé. S'il a acquitté pour plus de la moitié une dette dont les deux époux étaient tenus, pour la totalité, avant la dissolution de la communauté, il dispose d'un recours pour le surplus contre l'époux qui a renoncé.

Article 104.

1. L'époux qui veut faire usage du droit défini à l'article précédent est tenu de faire inscrire un acte de renonciation dans le registre des conventions matrimoniales prévu à l'article 116 du présent livre dans les trois mois de la dissolution de la communauté, sous peine d'être déchu de ce droit.

2. Si la communauté est dissoute par la mort de l'autre époux, le délai de trois mois commence à courir le jour où l'époux qui veut faire usage de ce droit a eu connaissance du décès. Si la communauté est dissoute par résiliation ou par séparation de corps, le délai prend fin trois mois après que le jugement est passé en force de chose jugée.

Article 105.

1. Les héritiers de l'époux par le décès duquel la communauté est dissoute, ou qui est décédé dans le délai prévu à l'article précédent sans avoir renoncé, peuvent renoncer eux-mêmes chacun pour leur part, de la manière définie à l'article précédent, dans les trois mois du jour où ils ont eu connaissance du décès.

2. Le droit de l'époux de revendiquer de la communauté son lit, sa literie et ses vêtements n'est pas transmissible, et ne passe pas à ses héritiers.

Article 106.

Le tribunal du lieu où l'acte de renonciation doit être inscrit peut, avant l'expiration du délai prévu pour l'inscription, prolonger celui-ci une ou plusieurs fois en raison de circonstances particulières.

Article 107.

1. L'époux ou son héritier qui s'est approprié les biens de la communauté ou qui en a diverti ou détourné des biens, ne peut plus renoncer. Les actes d'administration journalière ou de conservation des biens n'entraînent pas cette conséquence.

2. Celui qui divertit ou détourne des biens de la communauté après avoir renoncé à celle-ci perd le droit d'invoquer l'article 103 paragraphe 4 du présent livre.

Article 108.

1. La renonciation à la communauté faite par un époux ou par un de ses héritiers après que l'autre époux ou un ou plusieurs de ses héritiers y ont déjà renoncé, n'a pas les conséquences définies à l'article 103 paragraphes 2 et 3 du présent livre, et oblige ceux qui ont droit à la communauté à la liquider. Les dispositions légales relatives à la liquidation des successions acceptées sous bénéfice d'inventaire s'appliquent, dans la mesure du possible, par analogie.

2. Celui qui est tenu de la liquidation de la communauté perd le droit d'invoquer l'article 103 paragraphe 4 du présent livre si, après avoir été mis en demeure de rendre les comptes et justifications de sa gestion, il reste en défaut d'exécuter cette obligation.

3. Le délai de trois mois prévu à l'article 1082 prend cours au début du jour où il a satisfait à l'article 104 paragraphe 1 du présent livre. Le tribunal peut prolonger ce delai à sa demande, en raison de circonstances particulières; cette prolongation peut également être demandée après l'expiration du délai en question.

SECTION 4

De la résiliation de la communauté par jugement

Article 109.

L'un des époux peut demander la résiliation de la communauté lorsque l'autre époux fait des dettes à la légère, dissipe les biens de la communauté, effectue des opérations qui vont manifestement à l'encontre de l'administration, par l'autre époux, des biens de la communauté, ou refuse sans raison valable de fournir les renseignements nécessaires au sujet de la situation dans laquelle se trouvent les biens de la communauté, des dettes recouvrables sur ceux-ci et de la façon dont ces biens sont administrés.

Article 110.

1. L'action en résiliation doit être publiée et être inscrite dans le registre des conventions matrimoniales prévu à l'article 116 du présent livre.
2. L'époux qui demande la résiliation de la communauté peut prendre les mesures qui sont précisées dans le Code de procédure civile pour la conservation de ses droits.

Article 111.

1. Le jugement par lequel il est fait droit à l'action en résiliation de la communauté rétroagit au jour auquel il a été satisfait à ce qui est prescrit à l'article précédent, paragraphe 1, et à partir duquel les époux sont considérés comme étant mariés sous le régime de l'exclusion de communauté, selon les modalités qui auront été prévues dans le jugement.
2. Si celui des époux aux torts de qui la résiliation est prononcée, a lésé la communauté du fait qu'après le commencement du procès ou dans les six mois avant il a contracté des dettes à la légère, dissipé des biens de la communauté ou conclu des actes juridiques visés à l'article 88 du présent livre sans avoir obtenu le consentement ou l'autorisation tel que l'exige cet article, il est tenu d'indemniser la communauté du dommage causé.
3. Il ne peut être intenté d'action du chef du paragraphe précédent que dans trois ans au plus tard après que le jugement est passé en force du chose jugée.

Article 112.

La résiliation de la communauté ne peut être opposée aux tiers qui n'en avaient pas connaissance que lorsqu'elle a été publiée et que, après que le jugement est passé en force de chose jugée, elle a été inscrite au registre des conventions matrimoniales, visé dans l'article 116 du présent livre.

Article 113.

Lorsque la communauté est dissoute par résiliation, les époux peuvent à nouveau convenir d'une communauté, mais ce uniquement par conventions matrimoniales.

TITRE 8

DES CONVENTIONS MATRIMONIALES

SECTION 1

Des conventions matrimoniales en général

Article 114.

Les conventions matrimoniales peuvent être passées entre les futurs époux avant la célébration du mariage aussi bien que par les époux pendant le mariage.

Article 115.

1. Les conventions matrimoniales doivent être conclues par acte notarié à peine de nullité.

2. La procuration en vue de conclure des conventions matrimoniales doit être donnée par écrit et doit contenir les stipulations qui doivent y figurer.

Article 116.

1. Les stipulations faisant partie des conventions matrimoniales ne sont opposables aux tiers qui n'en avaient pas connaissance que si elles sont inscrites dans le registre public des conventions matrimoniales tenu au greffe du tribunal dans le ressort duquel le mariage a été célébré, ou au greffe du tribunal de La Haye si le mariage a été célébré à l'étranger.

2. Le mode d'organisation et de consultation du registre est réglé de façon plus détaillée par mesure générale d'administration.

Article 117.

1. Les conventions matrimoniales conclues ou modifiées avant le mariage ne sont valables que si ceux dont le consentement au mariage est requis ont dans l'acte même donné leur consentement aux conventions matrimoniales ou à leur modification: si le consentement du juge de canton ou de Notre Ministre de la Justice est nécessaire, il suffit d'annexer sa décision à la minute de l'acte. L'ar-

ticle 39 paragraphes 1–4 du présent livre est applicable par analogie quant à la requête en vue d'obtenir le consentement du juge de canton.

2. Les conventions matrimoniales conclues avant le mariage sortent leurs effets à dater de la célébration de celui-ci; on ne peut stipuler qu'elles prennent cours à un autre moment.

Article 118.

1. Les conventions matrimoniales ne peuvent être conclues ou modifiées après la célébration du mariage que pour autant que le mariage ait existé pendant au moins un an.

2. L'époux interdit ne peut y procéder qu'avec le consentement de son curateur et de son subrogé curateur.

Article 119.

1. La conclusion ou la modification de conventions matrimoniales pendant le mariage exige l'approbation du tribunal. Un projet d'acte notarié est produit à l'appui de la requête des époux.

2. Le juge peut ordonner, avant de statuer sur la demande, que celle-ci soit publiée dans deux journaux désignés par lui. Les jour et heure indiqués par le juge auxquels les créanciers seront entendus doivent être mentionnés dans la publication, et il doit être fait mention de ce que le projet d'acte se trouve au greffe, aux fins de consultation.

3. L'approbation est refusée s'il n'existe pas de motifs raisonnables pour conclure ou modifier les conventions matrimoniales, ou s'il y a danger que les créanciers soient lésés.

4. L'appel de l'ordonnance définitive doit être interjeté dans les deux mois de sa date.

5. Si l'acte n'est pas passé dans les trois mois du jour à partir duquel l'ordonnance accordant l'approbation est passée en force de chose jugée, l'approbation perd son effet.

Article 120.

1. Les conventions matrimoniales conclues ou modifiées pendant le mariage sortent leurs effets à partir du jour suivant celui auquel l'acte a été passé, à moins qu'une date ultérieure ne soit indiquée dans l'acte.

2. Les stipulations faisant partie de ces conventions matrimoniales ne peuvent être opposées aux tiers qui n'en avaient pas connaissance que si elles ont été inscrites depuis au moins quatorze jours dans le registre des conventions matrimoniales.

3. Le juge peut prescrire, dans l'approbation prévue à l'article précédent, que l'inscription soit publiée dans un ou plusieurs journaux désignés par lui et dans

le *Nederlandse Staatscourant*. Dans ce cas, les stipulations inscrites n'ont pas non plus d'effet au préjudice des tiers qui n'en avaient pas connaissance tant que cette publication n'ait eu lieu.

Article 121.

1. Les parties peuvent déroger aux règles de la communauté légale par leurs conventions matrimoniales, pour autant que celles-ci ne soient pas contraires à des dispositions légales impératives, aux bonnes moeurs ou à l'ordre public.
2. Elles ne peuvent stipuler que l'un d'entre eux supportera une part plus grande des dettes que sa part dans les biens de la communauté.
3. Elles ne peuvent déroger aux droits découlant de la puissance paternelle, ni aux droits que la loi reconnaît au conjoint survivant.
4. Elles ne peuvent stipuler en termes généraux que les rapports entre époux seront réglés par une loi étrangère ou abrogée.

Article 122.

Les dispositions du titre précédent sont applicables pour autant qu'il n'y soit pas dérogé, soit expressément, soit par la nature des clauses des conventions matrimoniales.

Article 123.

S'il a été convenu par conventions matrimoniales d'une communauté de fruits et revenus, les articles 124–127 du présent livre sont applicables, pour autant qu'il n'y soit pas dérogé, soit expressément, soit par la nature des clauses.

Article 124.

1. L'actif de la communauté de fruits et revenus comprend tous les biens des époux à l'exception de ceux qui soit appartenaient au début de la communauté à l'un des époux, soit lui sont échus par succession, disposition testamentaire ou donation, soit sont acquis par lui à un autre titre en contrepartie d'une prestation entièrement acquittée au moyen de ses biens à l'occasion de cette acquisition.
2. Les actions en indemnisation qui se substituent à un bien propre ou qui sont nées du chef de la diminution en valeur d'un tel bien ne tombent pas en communauté.

Article 125.

Le passif de la communauté de fruits et revenus comprend toutes les dettes des époux, à l'exception de celles qui existaient au début de la communauté, de celles qui grèvent des biens acquis par succession, disposition testamentaire ou donation ou de celles qui ne concernent que la personne ou les biens propres de l'un des époux, et dont le paiement ne se fait ordinairement ni entièrement ni partiellement au moyen de revenus.

Article 126.

1. Les biens et les dettes relatifs à une industrie ou une profession indépendante exercée par l'un des époux ne tombent pas en communauté de fruits et revenus. Cette disposition n'est pas applicable aux biens enregistrés au nom de l'autre époux.

2. Des récompenses jusqu'à concurrence des gains et des pertes résultant de l'exercice de l'industrie ou de la profession, à déterminer conformément à des normes considérées comme raisonnables dans les rapports sociaux, profitent ou sont à charge de la communauté.

3. Pour autant que l'un des époux est à même de déterminer, pour une part prépondérante, que les gains d'une industrie qui ne s'exerce pas en son propre nom lui profitent directement ou indirectement, cette industrie est, pour l'application du précédent paragraphe, considérée comme étant exercée par le dit époux.

Article 127.

1. Pour autant que, lors de la dissolution de la communauté de fruits et revenus, les biens de la communauté, compte tenu des récompenses prévues à l'article précédent et aux articles 95 paragraphe 2 et 96 paragraphe 2 du présent livre, ne suffisent pas pour acquitter les dettes de la communauté, celles-ci sont supportées par l'époux par l'entremise duquel elle sont tombées en communauté.

2. L'époux qui a acquitté après la dissolution une dette de la communauté pour une part plus grande que la part qu'il a à sa charge, dispose d'un recours pour le surplus contre l'autre époux.

Article 128.

S'il a été convenu par conventions matrimoniales d'une communauté de gains et de pertes, les articles 124–126 du présent livre s'appliquent par analogie, pour autant qu'il n'y soit pas dérogé, soit expressément, soit par la nature des clauses.

Article 129.

S'il a été convenu par conventions matrimoniales d'une participation, les dispositions de la section suivante sont applicables, pour autant qu'il n'y soit pas dérogé, soit expressément, soit par la nature des clauses.

Article 130.

La preuve par un époux de son apport de biens exclus de la communauté par conventions matrimoniales, pour ce qui concerne les droits au porteur et les choses qui ne soient pas des biens à enregistrer, ne peut être fournie à l'égard des tiers que par la mention qui en est faite dans l'acte contenant les conventions matrimoniales ou dans un inventaire signé par les parties et le notaire et annexé à la minute de cet acte. Si la mention d'un bien n'en fournit pas une description suffisante, la preuve complémentaire peut être apportée par toutes voies de droit; la preuve par toutes voies de droit peut être fournie quant aux biens acquis par l'un des époux sans qu'il en eût connaissance.

Article 131.

1. S'il existe un litige entre les époux sur le point de savoir auquel d'entre eux appartient un droit au porteur ou une chose qui ne soit pas un bien à enregistrer, et qu'aucun d'entre eux ne puisse prouver son droit sur ce bien, celui-ci est considéré comme un bien de la communauté, lorsqu'il existe entre les époux une communauté qui peut comprendre ce bien; si une telle communauté n'existe pas, le bien est considéré comme appartenant par moitié à chacun des époux.

2. La présomption est inopérante au détriment des créanciers des époux.

SECTION 2

De la participation légale

Article 132.

1. La participation oblige les époux à partager l'augmentation de leurs patrimoines respectifs qui s'est produite pendant la durée de la participation.

2. La participation ne crée ni propriété commune des biens, ni responsabilité commune quant aux dettes.

Article 133.

1. Les époux ne doivent pas se fournir de justifications l'un à l'autre quant à l'administration de leurs biens pendant la durée de la participation, et la mauvaise administration de ces biens n'entraîne pas d'obligation à indemnisation.

2. Les époux peuvent cependant exiger tous les ans l'un de l'autre un relevé détaillé et écrit de leurs biens et dettes. Ce relevé doit être, sur demande, certifié sous serment devant notaire; les frais de prestation de serment sont à charge de l'époux qui la désire. Les litiges entre époux relatifs au relevé sont, à la demande de l'un d'eux, tranchés par le tribunal.

Article 134.

La participation prend fin:
*a.*lorsque le mariage prend fin;
*b.*par la séparation de corps;
*c.*par un jugement de résiliation de la participation;
*d.*par sa résiliation par conventions matrimoniales ultérieures.

Article 135.

L'un des époux peut demander la résiliation de la participation lorsque l'autre époux fait des dettes à la légère, dissipe ses biens ou refuse de fournir le relevé obligatoire relatif à son patrimoine.

Article 136.

1. Après la fin de la participation, chacun des époux peut procéder à un inventaire de son patrimoine, et exiger que le patrimoine de l'autre époux soit inventorié.

2. L'inventaire comprend tous les biens existant au moment où la participation a pris fin, ainsi que les dettes et charges existant à ce moment. Si la participation a pris fin par jugement de résiliation, par divorce ou par séparation de corps pour cause déterminée, le commencement du jour où l'action tendant à ces fins a été intentée se substitue au moment susindiqué.

3. L'évaluation des biens d'un époux s'opère conformément à leur valeur au moment indiqué au paragraphe précédent, et de la même manière que celle prescrite pour le partage d'une succession.

4. L'autre époux doit être dûment convoqué à l'inventaire; celui-ci peut, s'il le désire, se faire représenter à l'inventaire. L'époux dont le patrimoine est inventorié doit confirmer sur demande sa déclaration sous serment.

5. Les litiges entre époux relatifs à l'inventaire sont, à la demande de l'un d'eux, tranchés par le tribunal.

6. Ce qui est prescrit aux paragraphes précédents au sujet de l'un des époux s'applique par analogie, après son décès, à ses ayants droit.

Article 137.

1. Chacun des époux peut demander le partage de l'augmentation des patrimoines après la fin de la participation.

2. Le partage s'opère comme il est prescrit en matière de partage de successions pour ce qui concerne la forme de l'acte, les personnes qui doivent participer au partage et la solution des difficultés.

3. Les actions prévues au paragraphe 1 du présent article et de l'article précédent se prescrivent par cinq ans.

Article 138.

1. Le partage de l'augmentation des patrimoines s'opère par un versement par l'un des époux à l'autre époux d'un montant tel, provenant de son patrimoine propre, que le patrimoine des deux époux se trouve augmenté d'un même montant.

2. Si l'un des époux a subi une perte plus importante que le gain réalisé par l'autre époux, il n'est versé au premier des époux que le montant du gain réalisé par l'autre époux.

Article 139.

1. L'augmentation ou la diminution du patrimoine d'un époux est déterminée en soustrayant la valeur initiale de son patrimoine de base du montant auquel ce patrimoine a été évalué au moment prévu à l'article 136 paragraphe 2 du présent livre.

2. Le patrimoine d'un époux comprend tous ses biens et toutes ses dettes à l'exception de sa part dans une communauté de biens existant entre les époux.

Article 140.

1. Le patrimoine de base d'un époux, visé à l'article précédent, se compose:

a. des biens qui lui appartenaient au commencement de la participation, sous déduction des dettes qu' il avait à ce moment;

b. des biens que l'époux a acquis pendant la participation par succession, disposition testamentaire ou donation, sous déduction des dettes et charges grevant ces acquisitions. Parmi les donations ne sont pas comprises celles d'importance modique, qu'elles soient faites à titre de rémunération ou pour d'autres causes.

2. Les biens faisant partie d'une communauté de biens existant entre époux n'entrent pas en ligne de compte pour la détermination du patrimoine de base.

3. Si la participation a pris fin par jugement de résiliation, par divorce ou par séparation de corps pour cause déterminée, les biens acquis après le commencement du jour où l'action tendant à ces fins a été intentée ainsi que les dettes et charges grevant l'acquisition des biens en question n'entrent pas en ligne de compte pour le calcul du patrimoine de base.

Article 141.

La valeur tant du patrimoine de base que du patrimoine final d'un époux se calcule sans tenir compte des biens et des dettes qui ne seraient pas non plus entrés en ligne de compte en cas du partage d'une communauté légale de biens, si celle-ci avait existé entre les époux.

Article 142.

1. Les époux sont tenus d'établir un état de leurs biens, dettes et charges lors de la conclusion de la participation. La valeur de chaque bien doit y être mentionnée séparément.

2. L'état doit être signé par les parties et le notaire, et joint à la minute de l'acte contenant les conventions matrimoniales par lesquelles les parties conviennent de la participation.

Article 143.

La valeur initiale des biens faisant partie du patrimoine de base est prouvée comme suit:

a. pour ce qui concerne les biens existant lors de la conclusion de la participation, uniquement par l'état prévu à l'article précédent. La valeur d'un bien qui aurait été omis dans cet état, ou dont la valeur n'y aurait pas été mentionnée, n'entre pas en ligne de compte pour le calcul de la valeur du patrimoine de base de l'époux intéressé;

b. pour ce qui concerne les biens acquis par succession, disposition testamentaire ou donation, par la déclaration d'après laquelle le droit de succession ou de donation a été perçu; si la taxation n'a pas été faite conformément à la déclaration, cette taxation servira de base à la preuve. A défaut de déclaration et de taxation, la preuve peut être fournie par toutes voies de droit.

Article 144.

1. Les dettes et les charges venant en déduction du patrimoine de base peuvent être prouvées par toutes voies de droit par l'époux du patrimoine duquel elles ne font pas partie, même si elles ne sont pas mentionnées dans les écrits prévus aux deux articles précédents.

2. Les dettes qui étaient immédiatement exigibles sont évaluées à leur valeur nominale. Les dettes à terme sont évaluées selon le mode prévu pour la vérification par la loi sur la faillite. Il est tenu compte pour l'évaluation des dettes sous condition de ce que la condition a ou n'a pas été réalisée au moment de l'inventaire.

Article 145.

1. Le versement dont l'un des époux est tenu vis-à-vis de l'autre en vertu du partage se fait en argent et est immédiatement exigible.

2. Par dérogation à ce qui précède, le tribunal peut cependant décider, pour motifs graves et à la demande de l'époux qui est tenu d'opérer le versement, que le montant dû, augmenté de l'intérêt légal, ne doit être payé qu'après un certain délai, soit en une fois, soit par versements échelonnés. Le tribunal tient compte dans ce cas des intérêts des deux parties. Il n'est fait droit à la demande qu'à con-

dition que le débiteur constitue dans un certain délai des garanties réelles ou personnelles agréées par le tribunal pour le paiement du principal et des intérêts.

3. Ce qui est prescrit aux paragraphes précédents au sujet de l'un des époux s'applique par analogie, après son décès, à ses ayants droit.

SECTION 3

Des donations par conventions matrimoniales

Article 146.

1. Les époux ou les futurs époux peuvent se faire des donations par conventions matrimoniales, réciproquement ou l'un d'entre eux à l'autre.

2. Ces donations pourront avoir pour objet soit des biens présents et décrits de façon précise dans l'acte, soit tout ou partie de leur succession; par la donation d'une partie de la succession, on entend également celle d'un ou plusieurs biens déterminés faisant partie de la succession.

3. Ces donations ne peuvent être révoquées que lorsque le donataire est en demeure de remplir les obligations qui lui sont imposées par la donation.

4. Ces donations sont valables sans acceptation expresse de celui auquel elles sont faites.

5. Elles peuvent être faites sous des conditions dont l'exécution dépend de la volonté du donateur.

6. Les donations de biens présents et décrits de façon précise ne sont pas soumises à la condition de survie du donataire, sauf si cette condition a été formellement exprimée.

Article 147.

1. Les donations de tout ou partie de la succession ne sont révocables que dans les mêmes conditions que les autres donations faites par conventions matrimoniales.

2. L'époux qui a fait donation de tout ou partie de sa succession ne peut plus disposer à titre gratuit des biens compris dans la donation, si ce n'est de sommes modiques à titre de rémunération ou pour d'autres causes, laissées à l'appréciation du juge.

3. La donation de tout ou partie de la succession ne profite pas aux enfants et autres ayants droit de l'époux donataire, si celui-ci vient à décéder avant le donateur.

Article 148.

D'autres personnes que les époux peuvent également, dans l'acte contenant les conventions matrimoniales, faire des donations à ceux-ci ou à l'un d'entre eux, mais uniquement de biens présents et décrits de façon précise dans l'acte. Les dispositions de l'article 146 du présent livre sont applicables à ces donations.

TITRE 9

DE LA DISSOLUTION DU MARIAGE

SECTION 1

De la dissolution du mariage en général

Article 149.

Le mariage prend fin:

a. par la mort;

b. par la disparition d'un des époux et le mariage subséquent de l'autre époux, conformément aux dispositions de la deuxième section du dix-huitième titre de ce livre;

c. par le divorce, conformément aux dispositions de la deuxième section du présent titre;

d. par la dissolution du mariage après la séparation de corps, conformément aux dispositions de la seconde section du dixième titre du présent livre.

SECTION 2

Du divorce

Article 150.

Le divorce entre époux non séparés de corps est prononcé à la demande d'un des époux ou à leur requête collective.

Article 151.

Le divorce est prononcé à la demande d'un des époux si le mariage est désuni de manière durable.

Article 152.

La demande est rejetée si la désunion durable est, dans une mesure prépondérante, imputable à l'époux qui a fait la demande, et que l'autre époux s'y oppose de ce chef.

Article 153.

1. Si le divorce demandé avait pour conséquence soit la perte, soit une diminution notable d'allocations consécutives au prédécès du demandeur à verser à l'autre époux, et que l'autre époux s'oppose à la demande de ce chef, il ne peut être fait droit à la demande avant qu'il n'y ait été remédié par des dispositions censées équitables à l'égard de l'un et de l'autre époux, compte tenu des circonstances du cas. Le juge peut impartir un délai à cette fin.

2. Le paragraphe 1 ne s'applique pas:

a. s'il y a de justes raisons de s'attendre à ce que l'autre époux lui-même puisse prendre des dispositions suffisantes en ce cas;

b. si la désunion durable du mariage est, dans une mesure prépondérante, imputable à l'autre époux.

Article 154.

1. Le divorce est prononcé à la requête collective des deux époux si elle a pour fondement leur avis à tous deux que le mariage est désuni de manière durable.

2. Il est loisible à chacun des époux de retirer la requête tant que le jugement n'est prononcé.

Article 155.

1. Le divorce à la requête collective des deux époux ne peut être prononcé qu'après que chacun des époux ou les époux ensemble ont remis au juge un projet d'accord concernant la tutelle et la subrogée tutelle de leurs enfants mineurs ainsi que le règlement des frais de leur entretien et de leur éducation, et que les époux ont communiqué au juge si, et dans l'affirmative, comment ils ont réglé leurs rapports patrimoniaux réciproques, y compris une allocation de pension alimentaire, au cas où le mariage serait dissous à leur requête collective par le divorce.

2. Le juge peut, à la requête collective des époux, insérer au jugement l'arrangement conclu entre eux soit en tout, soit en partie.

3. Pour autant qu'une allocation de pension alimentaire a été insérée dans le jugement, la grosse du jugement constitue un titre susceptible d'exécution.

Article 156.

A moins qu'il n'y ait des circonstances particulières, et que le juge ait acquis la conviction que toute réconciliation est exclue, le divorce ne peut être prononcé qu'après le délai d'un an depuis la célébration du mariage.

Article 157.

1. Le juge peut, dans le jugement de divorce ou en statuant par la suite, accorder, à la demande ou à la requête de l'époux qui n'a pas de revenus suffisants pour assurer sa subsistance, et qui ne peut raisonnablement être censé capable d'en acquérir, une pension alimentaire à verser à celui-ci par l'autre époux.
2. Le juge en statuant sur cette pension peut tenir compte de l'aide alimentaire dont le demandeur ou requérant aura besoin en cas de prédécès de celui qui est obligé d'acquitter la pension.
3. L'allocation de la pension alimentaire peut se faire pour un temps et sous des conditions déterminés.

Article 158.

Les parties peuvent convenir soit avant, soit après le jugement si, et dans l'affirmative, à concurrence de quelle somme l'un sera obligé envers l'autre de verser une pension alimentaire après le divorce.

Article 159.

1. Il peut être stipulé dans la convention qu'elle ne peut pas être modifiée par décision judiciaire en raison d'une modification des circonstances. Une telle stipulation ne peut être faite que par écrit.
2. Cette stipulation n'a pas d'effet si la convention a été conclue avant l'introduction de la demande en divorce, à moins que celle-ci ne soit introduite dans les trois mois après la conclusion de la convention. Ceci s'applique par analogie en cas de requête collective des deux époux.
3. Nonobstant une telle stipulation, la convention peut, à la requête d'une des parties, être modifiée par le juge soit dans le jugement de divorce, soit en statuant par la suite, en raison d'une modification des circonstances tellement radicale que la raison et l'équité s'opposent à ce que le requérant soit encore tenu par la stipulation.

Article 160.

L'obligation de l'un des anciens époux d'acquitter du chef de divorce une pension alimentaire à l'autre époux prend fin lorsque ce dernier contracte un mariage subséquent ou lorsqu'il s'est mis à vivre maritalement avec une autre personne.

Article 161.

1. Le juge nomme, dans le jugement de divorce ou par ordonnance postérieure, pour chacun des enfants mineurs des époux l'un des père et mère comme tuteur, ainsi qu'un subrogé tuteur.

2. Seul le père ou la mère qui détient la puissance paternelle sur lui peut être nommé tuteur de cet enfant.

3. Si la décision visée au paragraphe 1 ne s'étendait pas à tous les enfants des époux, le tribunal la complète à la requête des père et mère ou de l'un d'eux, du conseil de la protection de l'enfance ou d'office.

4. Jusqu'à ce que la tutelle d'un tuteur nommé par application du présent article ne prenne cours, l'autorité sur les enfants est maintenue en faveur de celui qui la détenait pendant l'instance, avec les mêmes pouvoirs et les mêmes obligations que ceux qu'il avait alors.

5. Le juge peut, à la demande ou à la requête des père et mère ou de l'un d'eux, établir une réglementation concernant les rapports de fréquentation entre l'enfant et celui des père et mère qui n'est pas ou qui ne sera pas investi de l'autorité sur l'enfant. Si une telle réglementation n'a pas été établie dans le jugement de divorce ni par la suite dans l'ordonnance visée au paragraphe 1, elle peut encore être établie par le juge des enfants.

Article 162.

Le juge peut, à la requête des père et mère ou de l'un d'eux, modifier les décisions rendues en vertu de l'article précédent pour la raison que depuis lors les circonstances se sont modifiées ou que ces décisions ont été rendues sur des données inexactes ou incomplètes. Il y est fait droit par le juge des enfants pour autant que la requête se rapporte à une réglementation concernant les rapports de fréquentation entre l'enfant et celui qui n'est pas investi de l'autorité sur l'enfant.

Article 163.

1. Le divorce s'effectue par l'inscription du jugement dans les registres de l'état civil.

2. L'inscription se fait à la requête des parties ou d'une d'elles.

3. Si l'inscription n'a pas été demandée dans un délai de six mois au plus tard à partir du jour où le jugement est passé en force de chose jugée, celui-ci est privé d'effet.

Article 164.

1. S'il a été porté préjudice à une communauté de biens existant entre les époux par l'un d'eux, du fait d'avoir contracté des dettes inconsidérées après ou dans les six mois avant l'introduction de l'instance, d'avoir dissipé des biens de la communauté ou d'avoir accompli des actes juridiques visés à l'article 88 du présent livre sans avoir obtenu le consentement ou l'autorisation requis par le dit article, cet époux est tenu de dédommager la communauté dès l'inscription du jugement prononçant le divorce.

2. L'action fondée sur le paragraphe précédent ne peut être intentée que dans un délai de trois ans après l'inscription du jugement.

Article 165.

1. Il peut être statué dans le jugement de divorce ou par une décision rendue par la suite, à la demande ou à la requête d'un des époux, que si celui-ci occupe au moment de l'inscription du jugement une habitation dont l'autre époux a, soit exclusivement soit pour une quote-part, la propriété ou le droit d'utilisation, il peut prétendre vis-à-vis de cet autre époux continuer à occuper cette habitation et à avoir l'utilisation des choses faisant partie de l'habitation ou de son mobilier pendant six mois après l'inscription du jugement, moyennant une indemnité raisonnable.

2. Les actes juridiques accomplis sans son consentement par l'autre époux au cours de ces six mois ne peuvent lui être opposés au détriment de ses droits visés au paragraphe précédent.

3. S'il refuse son consentement ou s'il n'est pas en état de manifester sa volonté, il peut être statué par le tribunal que le paragraphe précédent n'est pas applicable.

Article 166.

1. Si les époux divorcés se remarient l'un avec l'autre, tous les effets du mariage renaissent comme s'il n'y avait pas eu de divorce. Cependant la validité des actes juridiques passés entre le divorce et le mariage se règle d'après le moment où l'acte a été passé. L'article 119 du présent livre s'applique par analogie en ce qui concerne la conclusion ou la modification de conventions matrimoniales avant la conclusion du nouveau mariage.

2. La puissance paternelle ne renaît que pour autant que les père et mère sont capables d'exercer la tutelle et que celle-ci n'a pas été déférée à un tiers.

3. Le père ou la mère capable en matière de tutelle pour qui la puissance paternelle ne renaît pas peut requérir le tribunal de lui conférer ce pouvoir. Cette requête n'est rejetée que s'il existe de justes raisons de craindre que les interêts des enfants soient négligés s'il y était fait droit.

Article 167.

Les décisions visées aux articles 161, paragraphes 1, 3 et 5, 162 et 166, paragraphe 3, du présent livre ne sont prises qu'après que l'enfant, s'il est âgé de quatorze ans ou plus, a été, dans la mesure du possible, entendu par le juge.

TITRE 10

DE LA SÉPARATION DE CORPS ET DE LA DISSOLUTION DU MARIAGE APRÈS LA SÉPARATION DE CORPS

SECTION 1

De la séparation de corps

Article 168.

Par la séparation de corps, les époux sont dispensés du devoir d'habiter ensemble.

Article 169.

1. La séparation de corps soit sur demande, soit sur requête, peut être obtenue pour la même cause et de la même manière que le divorce.

2. Les articles 151 et 154–159 du présent livre s'appliquent par analogie.

3. L'obligation d'un époux de verser du chef de la séparation de corps une pension alimentaire à l'autre époux prend fin dès la dissolution du mariage.

Article 170.

1. Le juge décide, dans le jugement de séparation de corps ou par ordonnance postérieure, lequel des père et mère exercera la puissance paternelle.

2. Seul le père ou la mère qui détient la puissance paternelle, peut être investi de l'exercice de cette autorité.

3. Si la décision visée au paragraphe 1 ne s'étendait pas à tous les enfants des époux, le tribunal la complète à la requête des père et mère ou de l'un d'eux, du conseil de la protection de l'enfance ou d'office.

4. Le juge peut, à la demande ou à la requête des père et mère ou de l'un d'eux, établir une réglementation concernant les rapports de fréquentation entre l'enfant et celui des père et mère qui n'est pas ou qui ne sera pas investi de l'autorité sur l'enfant. Si une telle réglementation n'a pas été établie dans le jugement de séparation de corps ni par la suite dans l'ordonnance visée au paragraphe 1, elle peut encore être établie par le juge des enfants.

Article 171.

1. Le juge peut, à la requête des père et mère ou de l'un d'eux, modifier les décisions rendues en vertu de l'article précédent pour la raison que depuis lors les

circonstances se sont modifiées ou que ces décisions ont été rendues sur des données inexactes ou incomplètes. Il y est fait droit par le juge des enfants pour autant que la requête se rapporte à une réglementation concernant les rapports de fréquentation entre l'enfant et celui qui n'est pas investi de l'autorité sur l'enfant.

2. Si le père ou la mère qui exerce la puissance paternelle par suite d'une décision prévue à l'article précédent, se trouve par la suite dans l'impossibilité d'exercer cette autorité, il est nommé un tuteur par le juge de canton conformément à l'article 297 du présent livre.

Article 172.

L'exercice de la puissance paternelle déférée conformément à l'article 170 ou l'article 171 paragraphe 1 du présent livre prend cours dès que la décision est passée en force de chose jugée ou, si elle est déclarée exécutoire par provision, le lendemain du jour où le greffier en a fait part à l'époux qui a été investi de l'exercice. Toutefois cet exercice ne prend pas cours avant que le jugement de séparation de corps ne soit passée en force de chose jugée.

Article 173.

La séparation de corps ne peut être opposée aux tiers qui n'en avaient pas connaissance que si elle avait été inscrite dans le registre des conventions matrimoniales visé à l'article 116 du présent livre.

Article 174.

1. S'il a été porté préjudice à une communauté de biens existant entre les époux par l'un d'eux, du fait d'avoir contracté des dettes inconsidérées après ou dans les six mois avant l'introduction de l'instance, d'avoir dissipé des biens de la communauté, ou d'avoir accompli des actes juridiques visés à l'article 88 du présent livre sans avoir obtenu le consentement ou l'autorisation requis par cet article, cet époux est tenu de dédommager la communauté dès que le jugement de séparation de corps est passé en force de chose jugée.

2. L'action fondée sur le paragraphe précédent ne peut être intentée que dans un delai de trois ans après que le jugement de séparation de corps est passé en force de chose jugée.

Article 175.

1. Il peut être statué dans le jugement de séparation de corps ou par une décision rendue par la suite, à la demande ou à la requête d'un des époux, que si celui-ci occupe au moment où le jugement passe en force de chose jugée une habitation dont l'autre époux a, soit exclusivement ou pour une quote-part, la propriété ou le droit d'utilisation, il peut prétendre vis-à-vis de cet autre époux

continuer à occuper cette habitation et avoir l'utilisation des choses faisant partie de l'habitation ou de son mobilier pendant six mois après l'inscription du jugement, moyennant une indemnité raisonnable.

2. Les actes juridiques accomplis sans son consentement par l'autre époux au cours de ces six mois ne peuvent lui être opposés au détriment de ses droits visés au paragraphe précédent.

3. S'il refuse de donner son consentement ou s'il n'est pas en état de manifester sa volonté, il peut être statué par le tribunal que le paragraphe précédent n'est pas applicable.

Article 176.

1. La séparation de corps prend fin de plein droit par la réconciliation des époux; celle-ci fait renaître tous les effets du mariage comme s'il n'y avait pas eu de séparation de corps. Cependant la validité des actes juridiques passés entre la séparation et la réconciliation se régle d'après le moment où l'acte a été passé.

2. Si la tutelle avait été déférée à un tiers, la puissance paternelle ne renaît pas de plein droit, mais le père ou la mère capable en matière de tutelle peut requérir le tribunal de lui conférer la puissance paternelle. Cette requête n'est rejetée que s'il existe de justes raisons de craindre que les intérêts de l'enfant soient négligés s'il y était fait droit.

Article 177.

Lorsque le jugement de séparation de corps des époux a été publié ou a été inscrit au registre des conventions matrimoniales prévu à l'article 116 du présent livre, les époux ne peuvent opposer les effets de leur réconciliation aux tiers qui n'en avaient pas connaissance s'ils n'ont fait publier de la même manière, ou fait inscrire dans ce registre, que la séparation avait pris fin.

Article 178.

Les décisions visées aux articles 170, paragraphes 1, 3 et 4, 171 et 176, paragraphe 2, du présent livre, ne sont prises qu'après que l'enfant, s'il est âgé de quatorze ans ou plus, a été, dans la mesure du possible, entendu par le juge.

SECTION 2

De la dissolution du mariage après la séparation de corps

Article 179.

1. La dissolution du mariage d'époux séparés de corps est prononcée à la demande d'un des époux si la séparation a duré au moins trois ans. Si la séparation

de corps avait pris fin par la réconciliation des époux, il n'est loisible de s'en prévaloir que si la réconciliation a été publiée à la requête des deux époux ou a été inscrite conformément à l'article 177 du présent livre.

2. Le délai de trois ans peut être réduit à un an au moins, si l'autre époux se livre constamment à une telle inconduite qu'il ne peut être demandé de l'époux qui a intenté l'action de faire encore durer le mariage.

Article 180.

1. Si la dissolution de mariage demandée avait pour conséquence soit la perte, soit une diminution notable d'allocations consécutives au prédécès du demandeur à verser à l'autre époux, et que l'autre époux s'oppose à la demande de ce chef, il ne peut être fait droit à la demande avant qu'il y ait été remédié par des dispositions censées équitables à l'égard de l'un et de l'autre époux, compte tenu des circonstances du cas.

Le juge peut impartir un délai à cette fin.

2. Le paragraphe 1 ne s'applique pas:

a. s'il y a de justes raisons de s'attendre à ce que l'autre époux lui-même puisse prendre des dispositions suffisantes en ce cas;

b. si l'autre époux se livre constamment à une telle inconduite qu'il ne pourrait être demandé raisonnablement de l'époux qui a intenté l'action de verser quelle pension alimentaire que ce soit.

Article 181.

La dissolution du mariage d'époux séparés de corps est prononcée à leur requête collective.

Article 182.

Les articles 157–162 et 167 du présent livre s'appliquent par analogie.

Article 183.

1. La dissolution du mariage s'effectue par l'inscription du jugement dans les registres de l'état civil.

2. Les articles 163, paragraphes 2 et 3, et 166 du présent livre s'appliquent par analogie.

TITRE 11

DE LA PATERNITÉ ET DE LA FILIATION DES ENFANTS

SECTION 1

Des enfants légitimes

Article 197.

L'enfant né pendant le mariage a pour père le mari. L'enfant né avant le 307ème jour après la dissolution du mariage a pour père l'ancien mari, à moins que la mère ne soit remariée.

Article 198.

1. La mère peut, par déclaration faite devant l'officier de l'état civil, désavouer que l'enfant issu d'elle dans les 306 jours de la dissolution du mariage est celui de son ancien mari, à condition qu'un autre homme reconnaisse l'enfant dans l'acte qui est dressé de cette déclaration. Si le mariage est dissous par décès, la mère ne peut faire cette déclaration que pour autant qu'elle ait été séparée de corps ou qu'elle et son époux décédé aient vécu séparés depuis le 306ème jour avant la naissance de l'enfant.

2. La déclaration de la mère et la reconnaissance doivent avoir lieu dans l'année de la naissance de l'enfant et devant l'officier de l'état civil de la commune dans les registres de laquelle l'acte de naissance de l'enfant a été inscrit.

3. La déclaration et la reconnaissance n'ont d'effet que lorsque la mère et l'homme qui reconnaît l'enfant se marient l'un avec l'autre dans l'année de la naissance de l'enfant, ou si l'enfant est légitimé conformément à l'article 215 paragraphe 1 du présent livre, par suite d'une demande faite à cet effet dans l'année de sa naissance.

4. La déclaration de la mère perd également ses effets par le jugement passé en force de chose jugée par lequel la reconnaissance est annulée à la demande de son ancien mari.

5. Si le mariage de la mère est dissous par le décès de son mari, les délais prévus aux paragraphes 2 et 3 ne prennent pas cours avant qu'elle n'ait eu connaissance du décès du mari ou qu'un acte de ce décès n'ait été inscrit dans les registres de l'état civil.

Article 199.

Le mari ne peut désavouer l'enfant que par une action en désaveu de paternité à intenter contre la mère et contre l'enfant qui est représenté à cette fin, à moins qu'il ne soit majeur, par un curateur *ad hoc*, nommé à ces fonctions par le juge de canton.

Article 200.

1. Le juge déclare l'action en désaveu fondée si le mari ne peut être le père de l'enfant.

2. Le juge déclare également l'action en désaveu fondée, si le mari n'a pas cohabité avec la mère au cours de la période pendant laquelle l'enfant aurait pu être conçu, ou s'ils ont vécu séparés pendant cette période, à moins qu'il ne résulte de circonstances de fait que le mari pourrait être le père de l'enfant.

Article 201.

1. Il ne peut être fait droit à l'action en désaveu si le mari a donné son consentement à un acte qui a pu avoir pour conséquence la conception de l'enfant.

2. Il ne peut également y être fait droit si le mari a eu connaissance de la grossesse avant le mariage, sauf si la femme l'a trompé quant à celui qui a conçu l'enfant.

Article 202.

Si les parents de l'enfant né plus de 306 jours après la dissolution de leur mariage se remarient l'un avec l'autre, l'enfant ne peut obtenir un état d'enfant légitime que conformément aux dispositions de la seconde section du présent titre.

Article 203.

1. Le mari ne peut intenter l'action que dans les six mois après qu'il a eu connaissance de ce que la mère avait mis l'enfant au monde.

2. Si, avant l'expiration du délai fixé au paragraphe 1, une déclaration est faite conformément à l'article 198, paragraphes 1 et 2, du présent livre, le délai prévu au paragraphe précédent ne prend fin que dix-huit mois après la naissance de l'enfant.

Article 204.

1. Si le mari décède avant l'expiration du délai fixé à l'article précédent sans avoir désavoué sa paternité, un de ses descendants réservataires ou, à défaut de tels descendants, l'un des père et mère du mari peut désavouer que celui-ci est le père de l'enfant.

2. Les articles 199–201 et 203 du présent livre s'appliquent par analogie, étant

entendu que le délai prévu à l'article 203 paragraphe 1 ne prend pas cours avant que le décès du mari ne soit venu à la connaissance du demandeur ou qu'un acte de son décès ne soit inscrit dans les registres de l'état civil.

Article 205.

1. L'état d'enfant légitime se prouve par la preuve de la filiation et du mariage des parents.

2. La filiation de l'enfant légitime se prouve, à défaut d'acte de naissance, par la possession constante de l'état d'enfant légitime.

Article 206.

1. La possession de cet état se prouve par des faits qui indiquent, soit ensemble, soit séparément, le rapport de filiation et de parenté entre une personne déterminée et la famille à laquelle il prétend appartenir.

2. Les principaux de ces faits sont, entre autres:

a. que cette personne a toujours porté le nom du père dont il prétend descendre;
b. que le père l'a traité comme son enfant et a pourvu, en cette qualité, à son éducation, son entretien et son établissement;
c. qu'il est reconnu constamment pour tel dans la société;
d. que les proches parents l'ont reconnu pour tel.

Article 207.

Nul ne peut réclamer un état contraire à sa filiation d'après son acte de naissance, s'il possède un état conforme à cet acte. Inversément, la filiation conforme à son acte de naissance d'un individu ne peut être contestée, s'il possède un état conforme à cet acte.

Article 208.

1. A défaut d'un tel acte et de possession constante d'état, ou si l'enfant a été inscrit dans les registres, soit sous de faux noms, soit comme né de père et mère inconnus, la preuve de la filiation peut se faire par témoins.

2. Cette preuve ne peut néanmoins être admise que lorsqu'il y a commencement de preuve par écrit, ou lorsque les présomptions ou indices résultant de faits dès lors constants peuvent être considérés comme suffisamment graves pour admettre un tel mode de preuve.

Article 209.

Le commencement de preuve par écrit résulte des titres de famille, des registres et papiers domestiques du père ou de la mère, ou même d'actes publics ou privés provenant d'une partie engagée dans la contestation, ou qui y aurait un intérêt si elle était encore en vie.

Article 210.

La preuve contraire peut se faire par tous moyens propres à établir que celui qui invoque sa filiation n'est pas l'enfant de la mère qu'il prétend avoir; ou même, la maternité prouvée, qu'il n'est pas l'enfant du mari de la mère.

Article 211.

L'action en réclamation d'état est imprescriptible à l'égard de l'enfant.

Article 212.

Cette action ne peut être intentée par les héritiers de l'enfant qui n'a pas réclamé son état, qu'autant que l'enfant soit décédé mineur ou dans les trois années après sa majorité.

Article 213.

Cependant les héritiers peuvent poursuivre cette action lorsque celle-ci a été intentée par l'enfant, à moins que celui-ci n'ait laissé passer trois années sans poursuites, à compter du dernier acte de procédure.

SECTION 2

De la légitimation des enfants

Article 214.

L'enfant naturel est légitimé lorsqu'il est reconnu par le mari de la mère, soit avant ou pendant le mariage, soit après la dissolution du mariage par le décès de la mère.

Article 215.

1. Si, après la reconnaissance de l'enfant, le mariage projeté de ses auteurs est rendu impossible par la mort de l'un d'eux, des lettres de légitimation peuvent être demandées au Roi. La requête peut être faite soit par le survivant des père et mère, soit, après le décès de celui-ci, par l'enfant.

2. Des lettres de légitimation peuvent également être demandées si l'homme qui, connaissant la grossesse de la mère, avait l'intention d'épouser celle-ci, est mort avant la naissance de l'enfant sans l'avoir reconnu.

Article 216.

Le Roi prend l'avis de la Haute Cour des Pays-Bas sur la requête de lettres de légitimation. La Haute Cour entend ou fait entendre les parents du père et de la mère; elle peut ordonner aussi que la demande soit publiée dans les journaux par elle indiqués.

Article 217.

1. L'enfant légitimé par ou pendant le mariage de ses parents a l'état d'enfant légitime à dater de la célébration du mariage.

2. Cependant il n'y a de puissance paternelle par suite de la légitimation que pour autant que le père et la mère soient capables en matière de tutelle et que celle-ci n'ait pas été confiée á un tiers.

Article 218.

1. Le père ou la mère capable en matière de tutelle qui malgré la légitimation n'a pas obtenu la puissance paternelle, peut demander au juge de canton d'être investi de la puissance paternelle ou—après la dissolution de son mariage—de la tutelle.

2. La requête n'est rejetée que s'il existe de justes raisons de craindre que les intérêts de l'enfant soient négligés s'il y était fait droit.

Article 219.

1. La légitimation prévue à l'article 215 du présent livre sort ses effets à partir du jour où les lettres de légitimation ont été accordées. La légitimation par reconnaissance après la dissolution du mariage par le décès de la mère sort ses effets à partir du jour de la reconnaissance.

2. Après la légitimation, le survivant des père et mère—pour autant qu'il en soit capable et sous réserve de ce qui est prévu au paragraphe suivant—est de plein droit le tuteur de l'enfant.

3. Si cependant l'enfant se trouve sous la tutelle d'un tiers, le survivant des père et mère capable en matière de tutelle n'obtient cette tutelle que lorsqu'il en est investi, à sa requête, par le juge de canton; le deuxième paragraphe de l'article précédent est applicable.

Article 220.

La légitimation d'enfants décédés, conformément aux dispositions des articles 214 et 215 du présent livre, est possible si ces enfants ont laissé des descendants; elle profite dans ce cas à ces derniers.

SECTION 3

Des enfants naturels

Article 221.

1. L'enfant illégitime a l'état d'enfant naturel de sa mère. Il acquiert par reconnaissance l'état d'enfant naturel de son père.
2. On entend par père de l'enfant naturel celui qui a reconnu l'enfant.

Article 222.

L'enfant illégitime est engagé dans des rapports de droit familial avec sa mère au moment de sa naissance, et avec son père au moment de la reconnaissance.

Article 223.

La reconnaissance peut être faite:
a. dans l'acte de naissance de l'enfant;
b. par un acte de reconnaissance dressé par un officier de l'état civil;
c. dans tout acte notarié.

Article 224.

1. La reconnaissance est nulle, si elle est faite:
a. par un homme qui en conséquence de l'article 41 du présent livre ne pourrait contracter mariage avec la mère de l'enfant;
b. par un homme marié, dont le mariage a été contracté plus de 306 jours avant le jour de la naissance de l'enfant;
c. par un mineur qui n'a pas atteint l'âge de dix-huit ans, à moins que la reconnaissance n'ait eu lieu le jour de la conclusion de son mariage;
d. pendant la vie de la mère, sans qu'elle n'y ait au préalable consenti par écrit;
e. pendant la majorité de l'enfant, sans que celui-ci n'y ait au préalable consenti par écrit.

2. Le consentement exigé au paragraphe 1 sous *d* et *e* peut aussi être donné dans l'acte de reconnaissance même.

Article 225.

1. L'annulation de la reconnaissance à laquelle l'homme qui l'a faite a été amené par menace, erreur, dol ou, pendant sa minorité, par abus des circonstances, peut être demandée par celui qui a fait la reconnaissance ou, après sa mort, par un ou plusieurs de ses héritiers. Cette action ne peut être intentée, en cas de menace ou d'abus des circonstances, plus de six mois après que cette influence a cessé de s'exercer, et, en cas de dol ou d'erreur, plus de six mois après que le

demandeur a découvert le dol ou l'erreur; si celui qui peut demander l'annulation décède avant l'expiration du délai qui lui est imparti, ce délai n'expire pour ses héritiers que six mois après son décès.

2. L'annulation de la reconnaissance faite par un homme qui n'a pas conçu l'enfant peut être demandée, sauf en cas de légitimation:

a. si la reconnaissance a été faite pendant la minorité de l'enfant, par celui-ci;
b. si l'homme qui a fait la reconnaissance a été marié du 306ème au 180ème jour inclus avant la naissance de l'enfant, par un descendant légitime de ce mariage;
c. si la reconnaissance a été faite en vertu de l'article 198 du présent livre, par l'ancien époux de la mère de l'enfant;
d. par le ministère public.

3. L'annulation de la reconnaissance faite en vertu de l'article 198 du présent livre par un homme qui n'a pas conçu l'enfant peut être demandée, également en cas de légitimation, par l'ancien époux de la mère, pour autant qu'il n'intente pas l'action plus de trois mois après que la légitimation lui a été dénoncée par exploit ou est venue à sa connaissance d'une autre manière.

4. L'annulation de la reconnaissance faite pendant la minorité de l'enfant par un homme qui ne l'a pas conçu peut être demandée, en cas de légitimation, par l'enfant, mais ni avant deux ans et ni après trois ans à partir de sa majorité, ou, si l'enfant n'a eu connaissance qu'après le début de ce délai de ce que l'homme qui l'avait reconnu ne l'avait pas conçu, pas plus d'un an après qu'il en a eu connaissance.

5. Après que le jugement par lequel l'annulation est prononcée est passé en force de chose jugée, la reconnaissance est considérée comme n'ayant jamais eu d'effets. Les droits acquis de bonne foi par des tiers n'en sont cependant pas lésés.

Article 226.

1. L'action prévue au premier paragraphe de l'article précédent est dirigée contre l'enfant ou, après sa mort, contre ses héritiers.

2. Les autres actions prévues à cet article sont dirigées contre l'homme qui a fait la reconnaissance ou, après sa mort, contre ses héritiers et, à l'exception de celles prévues au deuxième paragraphe sous *a* et au quatrième paragraphe, aussi bien contre l'enfant ou, après sa mort, contre ses héritiers.

3. Si l'enfant est mineur, il est représenté, qu'il comparaisse comme demandeur ou comme défendeur, par un curateur *ad hoc*, nommé à ces fonctions par le juge de canton.

TITRE 12

DE L'ADOPTION

Article 227.

1. L'adoption se fait par un jugement du tribunal, à la requête de conjoints qui veulent adopter un enfant.

2. Il ne peut être fait droit à la requête que si l'adoption est dans l'intérêt manifeste de l'enfant aussi bien du point de vue de la rupture des liens avec son père et sa mère que de celui de la consolidation des liens avec les adoptants, et qu'il soit satisfait aux conditions fixées par l'article suivant.

3. La requête peut être faite aussi par l'époux survivant après le décès de l'autre époux, lorsqu'il appert que les deux époux avaient déjà cette intention pendant leur mariage, mais que la mort a empêché la réalisation de ce projet. Dans ce cas, les deux époux sont considérés comme adoptants.

4. Si l'enfant est âgé de quatorze ans ou plus, le juge ne statue qu'après avoir entendu l'enfant.

Article 228.

Les conditions pour l'adoption sont:

a. que l'enfant soit mineur au jour de la requête;

b. que l'enfant ne soit un enfant légitime ou naturel, ni de l'un des adoptants, ni d'un enfant légitime ou naturel de l'un d'eux;

c. que chacun des adoptants soit plus âgé que l'enfant d'au moins dix-huit ans et d'au plus cinquante ans;

d. que ni le père ni la mère qui ont des rapports de droit familial avec l'enfant ne s'oppose à la requête. Cependant le juge n'est pas tenu de rejeter la requête en cas d'opposition d'un père ou d'une mère déjà appelé plus de deux ans auparavant á être entendu au sujet d'une requête pareille des mêmes époux et qui a été rejetée quoiqu'il ait été satisfait aux conditions fixées sous *e–g;*

e. que le père et la mère qui ont des rapports de droit familial avec l'enfant soient majeurs au jour de la requête;

f. qu'au jour de la requête l'enfant ait déjà été de fait entretenu et élevé pendant plus de deux ans par les adoptants conjointement et que l'un de ceux-ci soit le tuteur de l'enfant;

g. que les adoptants soient mariés l'un avec l'autre depuis au moins cinq ans avant le jour de la requête.

TITRE 12 – DE L'ADOPTION

Article 229.

1. L'adopté acquiert par l'adoption l'état d'enfant légitime de ses parents adoptifs.

2. Les rapports de droit familial entre l'adopté et ses père et mère, parents et alliés en ligne ascendante et collatérale cessent d'exister par suite de l'adoption.

Article 230.

1. L'adoption sort ses effets à partir du jour où le jugement est passé en force de chose jugée.

2. L'adoption conserve ses effets, même s'il apparaissait que c'est à tort que le juge a considéré comme remplies les conditions fixées par l'article 228 du présent livre.

Article 231.

1. L'adoption peut être révoquée par décision du tribunal, à la requête de l'adopté.

2. Il ne peut être fait droit à la requête que si la révocation est dans l'intérêt manifeste de l'adopté, que si le juge est intimement convaincu du caractère raisonnable de la révocation et que la requête soit introduite plus de deux ans et moins de trois ans après le jour où l'adopté est devenu majeur.

Article 232.

1. L'adopté perd, par la révocation de l'adoption, son état d'enfant légitime des parents adoptifs. Les rapports de droit familial qui existaient par suite de cet état entre l'adopté, son conjoint et ses enfants d'une part, et les père et mère adoptifs, leurs parents et alliés d'autre part, cessent d'exister.

2. Les rapports de droit familial qui avaient cessé d'exister par suite de l'adoption, renaissent par suite de la révocation.

3. L'article 230 du présent livre s'applique par analogie pour ce qui concerne la révocation.

TITRE 13

DE LA MINORITÉ

SECTION 1

Dispositions générales

Article 233.

Les mineurs sont ceux qui n'ont pas atteint l'âge de vingt et un ans et qui ne sont ni n'ont été mariés.

Article 234.

1. Les mineurs sont incapables de passer des actes juridiques, à moins que la loi n'en dispose autrement.

2. Le mineur qui agit avec le sens du discernement est capable de passer des actes juridiques avec le consentement de son représentant légal, pour autant que celui-ci ait qualité pour passer ces actes au nom du mineur. Le consentement ne peut être donné que pour un acte juridique déterminé ou dans un but déterminé. Le consentement dans un but déterminé doit être donné par écrit.

3. Si le représentant légal a mis des sommes d'argent à la disposition du mineur pour son entretien ou ses études, celui-ci est capable de disposer de ces sommes conformément à la destination qui leur a été donnée.

SECTION 2

De l'émancipation

Article 235.

1. L'émancipation, par laquelle certains pouvoirs propres à une personne majeure sont reconnus à un mineur, peut être accordée, à sa requête, par le juge de canton, au mineur qui a atteint l'âge de dix-huit ans révolus.

2. Elle n'est pas accordée contre la volonté des père et mère, pour autant que ceux-ci exercent l'autorité sur le mineur, compte tenu cependant de l'article 246 paragraphe 2 du présent livre.

3. En accordant l'émancipation, le juge de canton détermine expressément les pouvoirs propres à une personne majeure qui sont reconnus au mineur. Ces droits ne peuvent s'étendre au delà de la perception partielle ou totale de ses

revenus et de la disposition de ceux-ci, la conclusion de contrats de location et de fermage, la participation à une société et l'exercice d'une profession ou d'une industrie. L'émancipation ne rend cependant pas le mineur capable de disposer de biens à enregistrer, de valeurs en bourse ou de créances garanties par hypothèque.

4. Il peut ester en justice comme demandeur ou défendeur au sujet des actes qu'il est capable de passer par suite de l'émancipation accordée. L'article 12 paragraphe 1 du présent livre ne s'applique pas pour ce qui concerne ces actes.

Article 236.

1. L'émancipation accordée peut être révoquée par le tribunal, si le mineur en abuse ou s'il existe de justes raisons de craindre qu'il en abuse.

2. La révocation est prononcée à la requête de l'un des père et mère du mineur, pour autant que ceux-ci exercent l'autorité sur lui, et compte tenu de l'article 246 paragraphe 2 du présent livre, ou du tuteur ou du subrogé tuteur.

Article 237.

1. La décision par laquelle l'émancipation est accordée ou révoquée doit être publiée dans le *Nederlandse Staatscourant* et dans deux journaux à désigner dans l'ordonnance.

2. La publication doit mentionner avec précision dans quelle mesure et à quelles fins l'émancipation a été accordée. Avant que la publication n'ait eu lieu, ni l'émancipation ni sa révocation n'a d'effets à l'égard des tiers qui en ignoraient l'existence.

SECTION 3

Des conseils de protection de l'enfance

Article 238.

1. Il existe dans chaque arrondissement un conseil de protection de l'enfance, établi au chef-lieu de l'arrondissement.

2. La loi détermine les fonctions et les compétences des conseils de protection de l'enfance.

3. En vue de remplir leurs fonctions, ils se tiennent au courant du développement de la protection de l'enfance dans leur ressort, ils favorisent la coopération des institutions de protection de l'enfance qui y sont actives et ils conseillent à la demande de celles-ci, ou de leur propre initiative, les autorités et les institutions.

4. Leurs interventions ne portent pas atteinte aux assises spirituelles des institutions de protection de l'enfance.

5. Leur composition et leur mode de fonctionnement sont réglés par mesure générale d'administration, de même que la manière dont les frais déboursés par les conseils de protection de l'enfance sont justifiés par eux et payés par l'État.

Article 239.

1. Tout conseil de protection de l'enfance peut intervenir aux Pays-Bas en faveur des mineurs qui ont soit leur domicile ou leur dernier domicile, soit leur résidence dans son ressort.

2. Au cas où, en conséquence de cette disposition, deux conseils de protection de l'enfance seraient compétents pour intervenir en faveur d'un même mineur, l'intervention de l'un de ces conseils met fin à la compétence de l'autre.

3. Le conseil de protection de l'enfance d'Amsterdam est compétent pour intervenir en faveur des mineurs néerlandais qui n'ont ni domicile, ni dernier domicile, ni résidence aux Pays-Bas.

Article 240.

1. Les conseils de protection de l'enfance prennent soin des mineurs qui leur sont provisoirement confiés, en vertu d'une disposition légale, par un juge ou un procureur du Roi.

2. Le conseil de protection de l'enfance tient la main à ce que les sommes d'argent qui lui sont versées pour l'entretien des mineurs soient payées à ceux qui y ont droit, et veille à ce qu'elles soient utilisées conformément à leur destination.

Article 241.

1. Si le conseil de protection de l'enfance constate qu'un mineur ne se trouve pas sous l'autorité exigée par la loi, ou que cette autorité n'est pas exercée sur lui, il demande au juge de pourvoir à l'exercice de l'autorité sur ce mineur.

2. Si une intervention s'avère urgente et immédiatement nécessaire pour prévenir la déchéance morale ou physique d'un tel mineur, le procureur du Roi peut le confier provisoirement au conseil de protection de l'enfance; en ce cas celui-ci s'adresse dans les six semaines au juge, en vue d'obtenir qu'il soit pourvu à l'autorité de ce mineur.

3. Un enfant peut également être confié provisoirement au conseil de protection de l'enfance conformément au paragraphe 2 si, n'ayant pas encore atteint l'âge de six mois et ne se trouvant pas sous la tutelle d'une personne morale, il a été recueilli comme enfant adoptif sans le consentement préalable et écrit du conseil de protection de l'enfance.

4. Le conseil de protection de l'enfance peut demander au juge qui doit pourvoir à l'autorité sur le mineur, de lui conférer tels pouvoirs sur le patrimoine de

celui-ci que le juge estimera convenables pour le temps pendant lequel le mineur lui sera provisoirement confié.

5. Le conseil de protection de l'enfance réclame dans la mesure du possible aux père et mère du mineur ou—si ceux-ci sont indigents ou décédés—au mineur lui-même le remboursement des frais qu'il est tenu de débourser dans l'intérêt du mineur qui lui est confié.

6. Le parâtre ou la marâtre tenu de fournir des aliments en vertu du titre 17 du présent livre est assimilé au père ou à la mère pour l'application du paragraphe précédent.

Article 242.

Le conseil de protection de l'enfance s'informe de tous les cas au sujet desquels des mesures relatives à l'autorité sur les mineurs—y compris la destitution du subrogé tuteur—doivent être envisagées.

Article 243.

1. Les administrations communales et les fonctionnaires de l'état civil fournissent gratuitement tous renseignements aux conseils de protection de l'enfance, et leur délivrent gratuitement toutes copies et extraits de leurs registres qui leur sont demandés par ces conseils dans l'exécution de leurs fonctions.

2. Toutes demandes adressées au juge par les conseils de protection de l'enfance, dans l'exécution de leur mission, sont traitées gratuitement; les grosses, copies et extraits qu'ils demandent à cette fin leur sont délivrés en exemption de tous frais par les greffiers.

3. Les exploits signifiés par huissier à la demande des conseils de protection de l'enfance sont payés conformément au tarif normal. Les avoués peuvent porter leur salaire en compte pour les offices par eux prestés à la requête des conseils de protection de l'enfance.

4. Lorsque les conseils de protection de l'enfance estent en justice en vertu d'une des dispositions du présent titre ou des titres 9, 10, 14, 15 et 17 du présent livre, ils peuvent le faire sans avoué ni avocat, sauf dans les causes qui sont introduites par citation.

SECTION 4

Des registres relatifs à l'autorité exercée sur les mineurs

Article 244.

Aux greffes des cantons sont tenus des registres publics dans lesquels il est fait mention des décisions, ordonnances et déclarations concernant l'autorité exercée sur les mineurs, y compris la subrogée tutelle. Une mesure générale d'administration détermine les décisions, ordonnances et déclarations dont il doit être fait mention, ainsi que la façon dont ces mentions sont portées dans les registres.

TITRE 14

DE LA PUISSANCE PATERNELLE

SECTION 1

De la puissance paternelle, en ce qu'elle concerne la personne de l'enfant

Article 245.

1. L'enfant, à tout âge, doit honneur et respect à ses père et mère.
2. Les père et mère sont tenus d'entretenir et d'élever leurs enfants mineurs.

Article 246.

1. Les père et mère détiennent la puissance paternelle sur leurs enfants mineurs durant leur mariage.
2. Ils exercent conjointement cette puissance. En cas de dissentiment entre eux, la volonté du père prévaut.
3. Lorsque la décision du père est manifestement contraire aux intérêts d'ordre moral ou spirituel ou à la santé de l'enfant mineur, ou présente de sérieux dangers à cet égard, le juge des enfants peut, à la requête de la mère, annuler cette décision.
4. Si le père ou la mère se trouve dans l'impossibilité d'exercer la puissance paternelle, celle-ci est exercée par l'autre parent seul. Si les deux parents se trouvent dans cette impossibilité, le juge de canton procède à la nomination d'un tuteur, conformément à l'article 297 du présent livre.
5. Le père ou la mère qui est interdit est considéré comme se trouvant dans l'impossibilité d'exercer la puissance paternelle.

SECTION 2

De la puissance paternelle, en ce qu'elle concerne le patrimoine de l'enfant

Article 247.

1. Le père ou—si elle exerce seule la puissance paternelle—la mère administre le patrimoine de l'enfant et le représente dans les actes civils.

2. Il peut être dérogé à cette règle:
a. en vertu des articles 169 et 155 du présent livre, en cas de séparation de corps à la requête des deux époux;
b. en vertu de l'article 276 paragraphe 2 du présent livre, en cas de relèvement ou de destitution de la puissance paternelle;
c. si celui qui donne ou qui lègue des biens à un mineur stipule dans la donation ou le testament qu'une autre personne administrera les biens en question.

3. Le père ou—si elle exerce seule la puissance paternelle—la mère peut réclamer dans ce dernier cas des comptes et justifications à l'administrateur de ces biens.

4. Lorsque l'administration établie par le donateur ou le testateur prend fin, le paragraphe 1 est applicable.

Article 248.

Le père ou la mère doit administrer le patrimoine de son enfant en bon père de famille. Il est responsable du dommage causé par sa mauvaise gestion, sauf pour ce qui concerne les fruits de ce patrimoine, pour autant que la loi lui en attribue la jouissance.

Article 249.

Les articles 342 deuxième paragraphe, 344–357 et 370 du présent livre sont applicables par analogie à l'administration d'un père ou d'une mère; ce qui y est prévu au sujet du subrogé tuteur s'applique à l'autre parent, que ce soit le père ou la mère, pourvu que celui-ci soit capable en matière de tutelle.

Article 250.

Lorsque les intérêts du père ou de la mère sont opposés à ceux de leurs enfants, le juge de canton nomme un curateur *ad hoc* pour représenter ces enfants dans l'affaire en question.

Article 251.

1. Chacun des père et mère exerçant l'autorité sur ses enfants, soit légitimes, soit naturels, a la jouissance des revenus de leur patrimoine. La jouis-

sance du père ou de la mère comprend le revenu du travail de l'enfant, si celui-ci demeure chez ce père ou cette mère.

2. Au cas où aucun d'eux n'exerce cette autorité, cette jouissance ne leur revient que pour autant qu'ils soient relevés de cette autorité.

Article 252.

Cette jouissance est grevée des charges auxquelles sont tenus les usufruitiers.

Article 253.

Le père ou la mère n'a pas la jouissance des revenus des biens pour lesquels il a été stipulé dans le testament ou la donation que le père et la mère n'en auraient pas la jouissance.

SECTION 3

De la mise sous surveillance des enfants

Article 254.

1. Le juge des enfants peut placer sous surveillance l'enfant qui se développe d'une façon telle qu'il est menacé de déchéance morale ou physique.

2. Il peut agir ainsi à la requête de l'un des père et mère, d'un des parents ou alliés jusqu'au quatrième degré inclus, du conseil de protection de l'enfance, ou sur réquisition du ministère public.

Article 255.

1. En faisant droit à la requête ou à la réquisition, le juge des enfants nomme aussi un tuteur familial chargé d'exercer sous sa direction la surveillance de l'enfant.

2. Le juge des enfants, avant de procéder à la nomination, prend généralement l'avis d'une association, d'une fondation ou d'une institution de bienfaisance possédant la personnalité juridique et satisfaisant aux exigences fixées à ce sujet par la loi organique sur la protection de l'enfance. Il fait appel dans la mesure du possible à la collaboration d'une telle institution pour l'exercice de la direction de la surveillance.

3. Le juge des enfants tient compte, pour l'application des paragraphes précédents, des convictions religieuses de l'enfant et de la famille à laquelle l'enfant appartient.

Article 256.

Le juge des enfants peut remplacer à tout moment le tuteur familial par un autre.

Article 257.

Le juge des enfants peut, au cours de l'instruction, placer l'enfant provisoirement sous surveillance. Cette surveillance provisoire continue à sortir ses effets jusqu'à ce qu'une décision judiciaire quant à la mise sous surveillance soit passée en force de chose jugée.

Article 258.

1. Le juge des enfants fixe à un an au plus la durée de la mise sous surveillance; il peut renouveler chaque fois cette durée d'un an au plus.

2. Le juge des enfants peut lever à tout moment la mise sous surveillance. Celle-ci prend fin par la majorité de l'enfant.

Article 259.

Le tuteur familial cherche dans la mesure du possible à établir le contact personnel avec l'enfant et avec la famille à laquelle il appartient. Il favorise le bien-être spirituel et physique ainsi que le futur bien-être matériel de l'enfant. Il conseille les père et mère quant à l'entretien et l'éducation de l'enfant, et tente de les persuader à faire le nécessaire à cette fin.

Article 260.

1. Le père et la mère doivent se comporter conformément aux instructions du tuteur familial pour ce qui concerne l'entretien et l'éducation de l'enfant placé sous surveillance.

2. Le père ou la mère dont l'opinion diffère de celle du tuteur familial au sujet des mesures à prendre dans l'intérêt de l'enfant peut faire appel à la décision du juge des enfants.

3. Le tuteur familial ne peut prescrire des mesures qui entraîneront des frais qu'avec l'autorisation du juge des enfants.

4. L'enfant ne peut être placé en dehors de la famille qu'en vertu des articles 262 et 263 du présent livre, sauf dans les cas où les père et mère y procèdent sans que le tuteur familial y fasse objection.

Article 261.

Le juge des enfants peut ordonner à tout moment que l'enfant soit amené devant lui par le tuteur familial.

Article 262.

Le juge des enfants peut placer l'enfant pour trois mois au plus dans une des institutions désignées comme maison d'observation par mesure générale d'administration, en vue d'examiner ses dispositions morales ou physiques. Il peut prolonger une fois, de deux mois au plus, la durée du placement, si l'intérêt de l'enfant l'exige impérieusement.

Article 263.

1. Le juge des enfants peut placer l'enfant dans une institution désignée à cette fin par ou en vertu d'une mesure générale d'administration, ou ailleurs que dans une institution, si cela est nécessité par l'intérêt de son entretien et de son éducation.

2. Le juge des enfants tient compte, dans son choix, des désirs de ceux qui exercent l'autorité sur l'enfant, ainsi que des convictions religieuses de l'enfant et de la famille à laquelle l'enfant appartient.

3. Le juge des enfants fixe la durée du placement à un an au plus. Il peut prolonger cette durée jusqu'à deux ans au plus, et la réduire à tout moment.

4. Une nouvelle prolongation, chaque fois d'un an au plus, n'est possible que:

a. lorsque l'enfant a atteint l'âge de dix-huit ans;

b. lorsque l'enfant a atteint l'âge de treize ans, mais uniquement si la prolongation est particulièrement nécessaire en vue de poursuivre une formation en cours;

c. si la prolongation est particulièrement nécessaire en vue de poursuivre un traitement d'ordre médical en cours.

5. La durée du placement dans une maison de correction ne peut dépasser six mois.

6. Le placement dans un établissement de l'État prend également fin par un arrêté de Notre Ministre de la Justice, le juge des enfants entendu, lorsque le Ministre l'estime nécessaire en vue d'une juste répartition de l'espace disponible dans les institutions désignées.

Article 264.

Les frais relatifs aux mesures prévues aux articles 260 troisième paragraphe, 262 et 263 du présent livre sont à charge des père et mère ou—pour autant que ceux-ci soient indigents—à charge de l'enfant; si celui-ci est également indigent, ces frais restent à charge de l'État.

Article 265.

Des prescriptions sont données par mesure générale d'administration pour tout ce qui exige encore de plus amples précisions, au sujet de l'exécution des prescriptions de cette section.

SECTION 4

Du relèvement et de la destitution de la puissance paternelle

Article 266.

Pour autant que l'intérêt des enfants ne s'y oppose pas, le tribunal peut relever le père ou la mère de la puissance paternelle sur un ou plusieurs de ses enfants, si celui-ci est inapte ou impuissant à remplir son devoir d'entretien et d'éducation.

Article 267.

Le relèvement n'est prononcé qu'à la requête du conseil de protection de l'enfance ou sur réquisition du ministère public.

Article 268.

1. Le relèvement ne peut être prononcé si le père ou la mère s'y oppose.
2. Il est fait exception à cette règle:

a. si après six mois au moins de mise sous surveillance il se révèle, ou qu'après un placement de plus d'un an et six mois ordonné en vertu des articles 262 et 263 du présent livre il existe de justes raisons de craindre, que cette mesure —à cause de l'inaptitude ou de l'impuissance du pére ou de la mère à remplir son devoir d'entretien et d'éducation—est insuffisante pour préserver l'enfant de la déchéance morale ou physique;

b. si, sans que l'un des père et mère ne soit relevé, la destitution de l'autre n'aurait pas pour effet que les enfants soient soustraits à l'influence de celui-ci;

c. si les facultés mentales du père ou de la mère sont dérangées à un point tel qu'il n'est pas en état de déterminer sa volonté ou de comprendre le sens de sa déclaration.

Article 269.

1. Si le tribunal l'estime indispensable dans l'intérêt des enfants, il peut destituer le père ou la mère de la puissance paternelle sur un ou plusieurs de ses enfants:

a. pour abus de la puissance paternelle, ou négligence grave dans l'entretien ou l'éducation d'un ou plusieurs enfants;

b. pour mauvaise conduite;

c. en cas de condamnation irrévocable:

1° pour participation intentionelle à un délit quelconque, avec un mineur se trouvant sous son autorité;

2° pour avoir commis á l'égard du mineur un des délits énumérés aux tires

XIII-XV et XVIII-XX du second livre du Code pénal;

3°à une peine privative de liberté de deux ans ou plus;

*d.*pour avoir gravement négligé les instructions du tuteur familial, ou avoir gêné l'exécution d'une mesure de placement ordonnée en vertu des articles 262 et 263 du présent livre;

*e.*à cause de l'existence de justes raisons de craindre que les intérêts de l'enfant soient négligés du fait que le père ou la mère réclame ou reprend l'enfant à ceux qui ont pris à leur charge son entretien et son éducation.

2. Le terme délit, au sens du présent article, comprend la complicité et la tentative.

Article 270.

1. La destitution de la puissance paternelle n'est prononcée qu'à la requête de l'autre des père et mère, de l'un des parents ou alliés des enfants jusqu'au quatrième degré inclus, du conseil de protection de l'enfance, ou sur réquisition du ministère public.

2. La destitution peut également être demandée, dans le cas prévu à l'article précédent, paragraphe 1, sous *e*, par celui qui a pris à sa charge l'entretien et l'éducation de l'enfant.

Article 271.

1. Le tribunal peut, pendant l'instruction, suspendre totalement ou partiellement le père ou la mère dont la destitution est demandée ou requise, de l'exercice de la puissance paternelle sur un ou plusieurs enfants s'il l'estime nécessaire dans l'intérêt des enfants. Il a la même compétence à l'égard du père ou de la mère dont le relèvement est demandé ou requis, dans les cas prévus à l'article 268 paragraphe 2 du présent livre.

2. Si l'autre des père et mère exerce également la puissance paternelle, celle-ci est exercée par lui seul pendant la suspension.

3. Si le tribunal estime, dans ce dernier cas, que la suspension de la personne à destituer est insuffisante pour soustraire les enfants à son influence, il peut également suspendre l'autre des père et mère.

4. En cas de suspension de l'un et l'autre des père et mère ou de celui qui est seul à exercer la puissance paternelle, le tribunal confie provisoirement les enfants au conseil de protection de l'enfance, et confère à celui-ci les pouvoirs qu'il estime convenables à l'égard de la personne et du patrimoine de ces enfants.

5. Les ordonnances visées au présent article restent en vigueur jusqu'à ce que le jugement relatif à la destitution ou au relèvement soit passé en force de chose jugée. Le tribunal peut toutefois révoquer ces dispositions à partir d'une date plus rapprochée.

Article 272.

1. Le procureur du Roi peut, pour des faits susceptibles d'entraîner la destitution de l'un des père et mère et s'il l'estime indispensable dans l'intérêt des enfants, soustraire ceux-ci à l'autorité de leur père et mère et les confier provisoirement au conseil de protection de l'enfance. Il a la même compétence pour des faits susceptibles d'entraîner le relèvement de l'un des père et mère, dans les cas prévus à l'article 268 paragraphe 2 du présent livre.

2. Cette mesure prend fin au cas où le procureur n'en a pas demandé la confirmation au tribunal dans les quatorze jours.

3. Si la confirmation est demandée en temps voulu, le tribunal peut soit ordonner la restitution des enfants à leur père et mère, soit rendre une des ordonnances visées à l'article précédent.

4. Le tribunal fixe également, dans ce dernier cas, le temps pendant lequel l'ordonnance en question restera en vigueur. Si cependant une demande ou une réquisition en destitution ou en relèvement est introduite avant l'expiration de ce délai—qui peut être prolongé à la demande du conseil de protection de l'enfance—l'ordonnance reste en vigueur jusqu'à ce qu'une décision judiciaire intervienne au sujet de la destitution ou du relèvement. Le tribunal peut toutefois révoquer ces ordonnances à partir d'une date plus rapprochée.

Article 273.

Les frais déboursés par le conseil de protection de l'enfance en faveur des enfants qui lui sont confiés sont à charge des père et mère ou—pour autant que ceux-ci soient indigents—à charge des enfants; si ces derniers sont également indigents, ces frais restent à charge de l'État, compte tenu de ce qui sera disposé à cet égard par mesure générale d'administration. Lorsque l'ordonnance par laquelle les enfants sont confiés au conseil n'est pas suivie de la destitution ou du relèvement des père et mère ou de l'un d'eux, le tribunal peut ordonner que ce qu'ils ont payé pour faire face à ces frais leur soit totalement ou partiellement remboursé.

Article 274.

1. Si le père et la mère exercent conjointement la puissance paternelle, celle-ci est désormais, après le relèvement ou la destitution de l'un d'eux, exercée par l'autre seul.

2. En cas de relèvement ou de destitution du père ou de la mère exerçant seul la puissance paternelle après une séparation de corps, l'autre—pourvu qu'il soit capable en matière de tutelle—peut demander à tout moment au tribunal d'être chargé de l'exercice de la puissance paternelle. Cette demande n'est rejetée que s'il existe de justes raisons de craindre que les intérêts de l'enfant soient négligés s'il y était fait droit.

3. Le tribunal qui a rejeté la demande prévue au paragraphe précédent peut toujours modifier cette ordonnance. Il ne le fait cependant qu'à la demande du père ou de la mère intéressé, et uniquement en raison de circonstances dont le juge n'a pu tenir compte lorsqu'il a rendu son ordonnance.

Article 275.

1. Si l'autre des père et mère n'exerce plus désormais seul la puissance paternelle le tribunal nomme aux enfants un tuteur et un subrogé tuteur.

2. Toute personne capable en matière de tutelle peut demander par écrit au tribunal, pendant l'instruction, d'être chargée de celle-ci.

Article 276.

1. Si le père ou la mère relevé ou destitué administrait le patrimoine de ses enfants il est également condamné à fournir des comptes et justifications à son successeur dans cette administration.

2. Si les enfants ont des biens en commun, mais s'ils se trouvent sous l'autorité de plusieurs personnes, le tribunal peut désigner l'une de celles-ci ou un tiers pour administrer ces biens jusqu'à leur partage. L'administrateur désigné fournit les garanties exigées par le tribunal.

Article 277.

1. Si le tribunal est convaincu qu'un enfant peut être à nouveau confié à son père ou à sa mère relevé ou destitué, il peut rétablir celui-ci dans la puissance paternelle, ou le nommer tuteur ou subrogé tuteur de son enfant.

2. La capacité du père ou de la mère separé de corps d'exercer seul la puissance paternelle ne se perd pas par le rétablissement dans la puissance paternelle de celui qui a été relevé ou destitué. Celui-ci peut cependant demander au tribunal de statuer que lui exercera seul désormais la puissance paternelle; le tribunal ne statue ainsi qu'en raison de circonstances dont le juge qui avait décidé que l'autre époux exercerait la puissance paternelle n'a pu tenir compte dans cette décision.

3. Si la tutelle avait été déférée à l'autre des père et mère, le tribunal ne nomme tuteur le père ou la mère qui était relevé ou destitué qu'en raison de circonstances dont le juge qui a déféré la tutelle à l'autre des père et mère n'a pas pu tenir compte dans sa décision.

4. Le tribunal ne nomme le père ou la mère qui était relevé ou destitué subrogé tuteur que lorsque la subrogée tutelle est ouverte, ou que le subrogé tuteur lui demande de nommer le père ou la mère qui était relevé ou destitué à sa place.

Article 278.

1. Le rétablissement de l'autorité sur les mineurs conformément à l'article

précédent peut être demandé par celui des père et mère qui était relevé ou destitué et par le conseil de protection de l'enfance.

2. Tant le conseil que le père ou la mère dont le rétablissement est demandé peuvent, au cours de l'instruction, demander au tribunal de suspendre sa décision jusqu'à la fin d'une période d'épreuve dont il fixera la durée à six mois au plus; l'enfant résidera pendant cette période chez le père ou la mère dont le rétablissement est demandé. Le tribunal peut mettre fin à l'épreuve à tout moment.

TITRE 15

DE LA TUTELLE

SECTION 1

De la tutelle en général

Article 279.

1. Il n'y a pour chaque tutelle qu'un tuteur et un subrogé tuteur, pour autant que la loi n'en dispose autrement.

2. La tutelle ou la subrogée tutelle, exercée par une seule personne sur les enfants des mêmes père et mère, est considérée comme une seule tutelle ou subrogée tutelle.

Article 280.

1. La tutelle prend cours:

a. pour le tuteur qui intervient de plein droit: au moment où il devient tuteur;

b. pour le tuteur nommé par l'un des père et mère: au moment où, après le décès de celui-ci, il consent à accepter la tutelle;

c. pour le tuteur nommé par le juge: le jour où la décision contenant sa nomination est passée en force de chose jugée ou—si celle-ci est déclarée exécutoire par provision—le lendemain du jour où le greffier a fait part au tuteur de sa nomination.

2. Il est fait exception à la règle mentionnée sous *c* dans les cas suivants:

1°. la tutelle de la femme mariée nommée tutrice ne prend cours qu'après que celle-ci a consenti à l'accepter;

2°. la tutelle du tuteur nommé après la dissolution judiciaire du mariage, dont la nomination a été déclarée exécutoire par provision, ne prend cours, néanmoins, qu'après que le jugement de dissolution a été inscrit à l'état civil.

Article 281.

1. La tutelle prend fin le jour où est passée en force de chose jugée la décision par laquelle:

a. le tuteur est déchargé, destitué ou relevé;

b. l'autorité sur le mineur qui se trouve sous tutelle est déférée à l'un des père et mère; ou

c. la tutelle sur l'enfant mineur du tuteur est déférée à l'autre des père et mère.

2. Si l'une des décisions prévues au paragraphe 1 est déclarée exécutoire par provision, la tutelle prend fin le lendemain du jour où le greffier a donné connaissance de la décision au tuteur.

Article 282.

Le tuteur dont la tutelle a pris cours conformément à l'une des dispositions de l'article 280 du présent livre est tenu de l'exercer, même s'il peut se faire exempter de cette tutelle pour une des causes énumérées à l'article 320 du présent livre.

SECTION 2

De la tutelle du père ou de la mère

Article 283.

1. Après la mort de l'un d'eux, le survivant des père et mère est de plein droit tuteur de leurs enfants légitimes.

2. Il est fait exception à cette règle lorsque et pour autant que le survivant des père et mère n'exerce pas l'autorité sur ces enfants au moment du décès de l'autre des parents.

Article 284.

1. Si la femme déclare être enceinte après le décès de son mari, le juge de canton nomme un curateur au ventre. L'article 299 du présent livre est applicable à cette nomination.

2. Le curateur est tenu de prendre toutes les mesures nécessaires à la conservation et à l'administration des biens.

3. Lorsque l'enfant est né vivant, le curateur est de plein droit son subrogé tuteur, à moins que les autres enfants n'aient déjà un autre subrogé tuteur.

Article 285.

1. Lorsque celui des père et mère qui exerce l'autorité sur un ou plusieurs de leurs enfants légitimes après la dissolution judiciaire de leur mariage ou après une séparation de corps vient à décéder, le tribunal pourvoit—si l'autre des père

et mère est encore en vie—à la tutelle de ces enfants; il pourvoit également, si nécessaire, à la subrogée tutelle.

2. Le tribunal agit ainsi à la demande du conseil de protection de l'enfance, du subrogé tuteur, du survivant des père et mère ou d'office.

3. Le survivant des père et mère capable en matière de tutelle peut demander au tribunal de la lui déférer. Cette demande n'est rejetée que s'il existe de justes raisons de craindre que les intérêts de l'enfant soient négligés s'il y était fait droit.

4. La disposition du paragraphe précédent est également applicable si le père ou la mère décédé avait nommé un tuteur.

Article 286.

1. Si un autre que le survivant des père et mère est nommé tuteur, le tribunal peut modifier cette décision à tout moment, en ce sens qu'il peut encore déférer la tutelle à ce survivant pourvu qu'il soit capable en matière de tutelle.

2. Il n'agit ainsi qu'à la demande du survivant, et uniquement en raison de circonstances dont le juge n'a pas pu tenir compte en prenant la décision dont la modification est demandée.

3. Le présent article s'applique par analogie si un tuteur nommé par le père ou la mère décédé est intervenu entretemps.

Article 287.

1. La mère d'un enfant naturel en est de plein droit tutrice, à moins qu'elle n'ait pas été capable en matière de tutelle au moment de son accouchement.

2. La mère d'un enfant naturel, qui n'était pas capable en matière de tutelle sur l'enfant au moment de son accouchement, obtient de plein droit cette tutelle si celle-ci est ouverte au moment où elle devient capable en matière de tutelle.

3. Si la tutelle n'est pas ouverte à ce moment, la mère capable en matière de tutelle peut demander au juge de canton de la nommer tutrice.

4. Il n'est fait droit à cette demande, lorsque le père est tuteur de l'enfant, que si le juge de canton l'estime souhaitable dans l'intérêt de l'enfant.

5. La demande n'est rejetée, lorsqu'un tiers est tuteur, que s'il existe de justes raisons de craindre que les intérêts de l'enfant soient négligés s'il y était fait droit.

Article 288.

1. Le père d'un enfant naturel, capable en matière de tutelle, peut demander au juge de canton de le nommer tuteur.

2. Lorsque la tutelle est ouverte ou qu'un tiers en est chargé, la demande n'est rejetée que s'il existe de justes raisons de craindre que les intérêts de l'enfant soient négligés s'il y était fait droit.

3. Lorsque la mère est tutrice de l'enfant, il n'est fait droit à la demande que si le juge de canton l'estime souhaitable dans l'intérêt de l'enfant.

Article 289.

Si la tutelle d'un enfant naturel devient vacante, tant le père que la mère—pour autant qu'ils soient capables en matière de tutelle—peuvent demander au juge qu'elle leur soit déférée.

Article 290.

1. La demande prévue à l'article précédent n'est rejetée que s'il existe de justes raisons de craindre que les intérêts de l'enfant soient négligés s'il y était fait droit.

2. Si l'un et l'autre des père et mère ont introduit une telle demande, le juge fait droit à la demande de celui dont il estime qu'il exercera la tutelle dans le plus grand intérêt de l'enfant.

3. Si, avant qu'une décision ne soit prise sur la demande de l'un des père et mère, l'autre devient de plein droit tuteur de l'enfant, le juge ne fait droit à la demande que s'il l'estime souhaitable dans l'intérêt de l'enfant.

Article 291.

1. La décision par laquelle la tutelle d'un enfant naturel est déférée, retirée ou refusée à son père ou à sa mère, en vertu d'une disposition de la présente section, peut être modifiée par le juge.

2. Il n'agit ainsi qu'à la demande de l'un des père et mère, et uniquement en raison de circonstances dont le juge n'a pu tenir compte en prenant la décision dont la modification est demandée.

SECTION 3

De la tutelle déférée par l'un des père et mère

Article 292.

1. Pour autant que l'un des père et mère exerce l'autorité sur ses enfants, il peut désigner, par testament ou par acte notarié passé uniquement à cette fin, la personne qui exercera après sa mort la tutelle sur ses enfants.

2. Il ne peut désigner une personne morale comme tuteur.

3. Si l'un et l'autre des père et mère ont fait usage de cette faculté, et s'ils viennent à mourir sans que l'on puisse savoir lequel d'entre eux est décédé le premier, il n'est donné suite qu'à la désignation faite par le père.

Article 293.

La disposition prise par l'un des père et mère n'a pas d'effet ou prend fin:

a. si, après son décès, l'autre des père et mère devient, de plein droit ou en vertu d'une décision judiciaire, tuteur de ses enfants;

b. si et pour autant qu'il n'exerçait plus l'autorité sur ses enfants au moment de son décès.

Article 294.

Le tuteur nommé par le père ou la mère décédé est déchargé par le juge de canton si le survivant des père et mère, étant devenu capable en matière de tutelle, demande au juge de canton que celle-ci lui soit déférée, et que le juge de canton soit convaincu de ce que les enfants peuvent lui être confiés.

SECTION 4

De la tutelle déférée par le juge

Article 295.

Le juge de canton nomme un tuteur à tous les mineurs qui ne se trouvent pas sous puissance paternelle pour autant qu'il n'est pas légalement pourvu à leur tutelle, à moins que cette nomination ne soit de la compétence du tribunal.

Article 296.

1. S'il est nécessaire de pourvoir à la tutelle en attendant que celle-ci prenne cours conformément à l'article 280 du présent livre, le juge de canton nomme un tuteur pour la durée de ces circonstances.

2. Ce tuteur est déchargé par le juge de canton, à la demande de celui qui le remplace, dès que ces circonstances ont pris fin.

Article 297.

1. Le juge de canton nomme également un tuteur lorsqu'il est nécessaire de pourvoir à la tutelle pour cause de:

a. impossibilité temporaire pour l'un des père et mère ou pour un tuteur d'exercer son autorité;

b. ignorance de l'existence ou de la résidence de l'un des père et mère ou du tuteur; ou

c. carence du tuteur dans l'exercice de la tutelle.

2. Si la nomination est fondée sur le premier paragraphe sous *c*, le juge de canton peut accorder une rémunération au tuteur nommé, et le tuteur demeuré en carence doit répondre à l'égard du mineur des frais causés par le remplace-

ment ainsi que des activités du tuteur nommé, sauf son recours contre ce dernier.

3. Dès que les circonstances énumérées au premier paragraphe ont pris fin, le tuteur nommé est déchargé, à sa demande ou à celle de celui qui le remplace, par le juge de canton, sauf s'il existe de justes raisons de craindre que les intérêts des enfants soient négligés s'il était fait droit à la demande.

Article 298.

L'exercice de la puissance paternelle ou de la tutelle est suspendu pendant la durée de la tutelle prévue aux deux articles précédents.

Article 299.

Le juge de canton nomme le tuteur à la demande de parents ou d'alliés du mineur, du conseil de protection de l'enfance, des créanciers ou d'autres personnes intéressées, ou d'office.

Article 300.

1. Le tuteur doit, soit à l'occasion de sa nomination, soit immédiatement après que la tutelle a pris cours, prêter le serment d'exercer convenablement et fidèlement son devoir de tuteur.

2. Le père tuteur ou la mère tutrice, ainsi que les personnes morales auxquelles la tutelle est déférée, sont dispensés de la prestation de serment.

Article 301.

1. L'officier de l'état civil donne immédiatement connaissance au juge de canton:

a. du décès de toute personne qui laisse des enfants mineurs;

b. de la déclaration de naissance de tout enfant illégitime, dont la mère n'est pas de plein droit tutrice;

2. L'officier de l'état civil donne immédiatement connaissance au conseil de protection de l'enfance:

a. du décès de toute personne qui laisse des enfants mineurs, sauf s'il est pourvu de plein droit à la tutelle de ces enfants;

b. de la déclaration de naissance de tout enfant né dans les 306 jours après la dissolution du mariage de sa mère, et de tout enfant illégitime;

c. de tout acte dressé par lui soit de la reconnaissance, soit de l'inscription de la reconnaissance d'un mineur;

d. de tout mariage par lequel il lui paraît qu'un enfant est légitimé et de toute inscription faite par lui de lettres de légitimation;

e. de toute inscription faite par lui d'une décision judiciaire concernant un mineur soit d'annulation d'une reconnaissance, de validation d'une contestation ou d'une réclamation d'état, ou d'annulation d'un tel jugement.

3. Si le mariage de la personne décédée qui laisse des enfants mineurs était judiciairement dissous ou si la personne décédée était séparée de corps, l'officier de l'état civil—si l'autre époux est encore en vie—donne en même temps connaissance de ces circonstances au conseil de protection de l'enfance et au juge de canton; ce dernier transmet alors la communication qu'il a reçue au tribunal qui a statué sur l'action en dissolution du mariage ou en séparation de corps.

SECTION 5

De la tutelle de personnes morales

Article 302.

1. Le juge peut—pour autant que ce soit à sa demande ou après qu'elle y ait consenti—déférer la tutelle à une association, une fondation ou un établissement de bienfaisance possédant la personnalité juridique et satisfaisant aux exigences fixées à ce sujet par la loi organique sur la protection de l'enfance.

2. Le juge qui défère la tutelle à une personne morale tient compte des convictions religieuses du mineur et de la famille à laquelle il appartient.

Article 303.

1. La personne morale chargée de la tutelle a les mêmes pouvoirs et les mêmes obligations que les autres tuteurs, pour autant que la loi n'en dispose autrement.

2. L'exercice de la tutelle s'opère par la direction. Celle-ci peut autoriser par écrit un ou plusieurs de ses membres à exercer la tutelle sur les mineurs désignés dans l'autorisation.

Article 304.

1. Les directeurs sont responsables personnellement et solidairement avec la personne morale de tout dommage dû à l'exercice défectueux de la tutelle.

2. Tout directeur peut cependant se libérer de cette responsabilité en prouvant que ce n'est pas lui qui a occasionné le dommage.

3. Si la direction a autorisé, conformément au second paragraphe de l'article précédent, un ou plusieurs de ses membres en particulier à exercer la tutelle, il est présumé que le dommage est uniquement dû à la faute de ces membres.

Article 305.

1. La personne morale qui fait admettre les enfants qui lui sont confiés dans des familles adoptives ou dans des institutions informe par écrit le conseil de protection de l'enfance dans le ressort duquel ces enfants résident ainsi que celui

dans le ressort duquel ils résidaient avant leur dernier déplacement, des endroits où ces enfants se trouvent.

2. Le subrogé tuteur a la possibilité, s'il le désire, de visiter une fois par mois le mineur sur lequel il exerce la subrogée tutelle.

3. Les familles adoptives et les institutions où les personnes morales chargées de la tutelle ont placé des mineurs sont visitées par chaque conseil de protection de l'enfance, dans son ressort, autant de fois qu'il l'estime utile afin de juger de l'état des mineurs.

Article 306.

1. Une personne morale ne peut placer les mineurs qui lui sont confiés en dehors des Pays-Bas sans le consentement du juge de canton.

2. Le juge de canton ne donne son consentement que s'il estime le placement souhaitable pour le mineur.

SECTION 6

De la subrogée tutelle

Article 307.

1. Le juge—le juge de canton, sauf s'il en est disposé autrement—nomme un subrogé tuteur dans chaque tutelle.

2. Une personne morale peut également être nommée subrogé tuteur.

Article 308.

1. Le tuteur qui intervient de plein droit ou qui est nommé par l'un des père et mère est tenu de faire nommer un subrogé tuteur dès le début de sa tutelle.

2. Le manquement à ce devoir peut donner lieu à la destitution du tuteur, conformément à l'article 327 du présent livre, sans préjudice aux dommages et intérêts auxquels il pourrait être tenu.

Article 309.

Le juge qui nomme un tuteur pourvoit, autant que possible par la même ordonnance, à la subrogée tutelle si celle-ci est ouverte.

Article 310.

1. La subrogée tutelle prend cours le jour où la décision par laquelle le subrogé tuteur est nommé est passée en force de chose jugée ou—si cette décision est déclarée exécutoire par provision—le lendemain du jour où le greffier lui a fait part de sa nomination.

2. Il est fait exception à cette règle dans les cas suivants:

a. la subrogée tutelle de la femme mariée nommée subrogée tutrice ne prend cours qu'après que celle-ci a consenti à l'accepter;

b. la subrogée tutelle du subrogé tuteur nommé après la dissolution judiciaire du mariage, dont la nomination a été déclarée exécutoire par provision, ne prend cependant cours qu'après que le jugement de dissolution a été inscrit à l'état civil.

Article 311.

Le subrogé tuteur dont la subrogée tutelle a pris cours conformément à l'une des dispositions de l'article précédent est tenu de l'exercer, même s'il pouvait se faire exempter de cette subrogée tutelle pour une des causes énumérées à l'article 320 du présent livre.

Article 312.

1. Le subrogé tuteur doit, soit à l'occasion de sa nomination, soit immédiatement après que la subrogée tutelle a pris cours, prêter le serment d'exercer convenablement et fidèlement son devoir de subrogé tuteur.

2. Le père ou la mère ou la personne morale nommé subrogé tuteur est dispensé de la prestation de serment.

Article 313.

1. Le subrogé tuteur assure les intérêts du mineur, lorsqu'ils sont en opposition avec ceux du tuteur.

2. Si les intérêts du mineur sont également en opposition avec ceux du subrogé tuteur, le juge de canton nomme un tuteur *ad hoc* pour représenter le mineur.

Article 314.

Le subrogé tuteur veille à ce que le tuteur fasse un inventaire ou la déclaration prévue à l'article 339 du présent livre dans toutes les successions qui échoient au mineur.

Article 315.

1. Le subrogé tuteur fait pourvoir à la tutelle en cas d'absence permanente ou temporaire du tuteur.

2. Le subrogé tuteur fait lui-même tous les actes de tutelle qui ne peuvent souffrir de délai, en attendant qu'il soit pourvu à la tutelle.

Article 316.

Le subrogé tuteur qui ne remplit pas ses obligations doit indemniser le mineur du dommage qu'il lui a causé ainsi.

Article 317.

Si le subrogé tuteur reste en défaut d'exercer la subrogée tutelle, le juge de canton charge, aux frais de celui-ci, une autre personne de l'exercer. Le subrogé tuteur reste néanmoins responsable vis-à-vis du mineur, sans préjudice à son recours contre son remplaçant.

Article 318.

1. En cas d'absence du subrogé tuteur, le tuteur le fait immédiatement remplacer; le manquement à ce devoir peut donner lieu à la destitution du tuteur, conformément à l'article 327 du présent livre, sans préjudice à son obligation d'indemnisation.

2. S'il est nécessaire de pourvoir à la subrogée tutelle en attendant que celle-ci prenne cours conformément à l'article 310 du présent livre, de même que dans les cas similaires à ceux qui sont énumérés à l'article 297 du présent livre, ce remplacement est fait à titre temporaire. Dans ce cas, l'article 296 paragraphe 2 ou l'article 297, paragraphe 3, du présent livre s'applique par analogie.

Article 319.

1. La subrogée tutelle prend fin le jour où est passée en force de chose jugée la décision par laquelle:

a. le subrogé tuteur est déchargé ou destitué;

b. le père ou la mère a obtenu la puissance paternelle sur le mineur se trouvant sous tutelle.

2. Si l'ordonnance a été déclarée exécutoire par provision, la subrogée tutelle prend fin le lendemain du jour où le greffier a donné connaissance de l'ordonnance au subrogé tuteur.

SECTION 7

De l'exemption et de la décharge de la tutelle et de la subrogée tutelle

Article 320.

1. Le tuteur ou le subrogé tuteur nommé par le juge peut, sans préjudice aux dispositions des articles 282 et 311 du présent livre, se faire exempter de la tutelle ou de la subrogée tutelle:

a. s'il démontre qu'il est mentalement ou physiquement inapte à l'exercer;

b. s'il a atteint l'âge de soixante ans;

c. s'il est sans enfants, et qu'il soit déjà chargé de deux tutelles, curatelles, subrogées tutelles ou subrogées curatelles;

d. s'il a un ou plusieurs enfants légitimes, et qu'il soit déjà chargé d'une tutelle, curatelle, subrogée tutelle ou subrogée curatelle;
e. s'il a cinq enfants légitimes en vie au jour de sa nomination;
f. s'il n'est ni parent, ni allié du mineur, alors qu'un parent ou allié qui peut exercer la tutelle ou la subrogée tutelle habite les Pays-Bas.

2. La femme mariée nommée tutrice ou subrogée tutrice n'a pas le droit de se faire exempter visé dans le paragraphe 1.

Article 321.

Le droit de se faire exempter d'une tutelle ou d'une subrogée tutelle expire un mois ou, si la personne nommée se trouve hors des Pays-Bas, deux mois après que celle-ci a pris cours.

Article 322.

1. Sauf ce qui est disposé à l'article suivant, tout tuteur ou subrogé tuteur peut se faire décharger de ses fonctions:
a. s'il démontre que, par suite d'une infirmité mentale ou physique survenue depuis que sa charge a pris cours, il n'est plus en état de l'exercer;
b. s'il a atteint l'âge de soixante-cinq ans;
c. si une personne capable de l'exercer a consenti par écrit à assumer la tutelle ou la subrogée tutelle et que le juge de canton estime que cette substitution est dans l'intérêt de l'enfant.

2. La femme non mariée, chargée de la tutelle ou de la subrogée tutelle, peut s'en faire décharger après avoir contracté mariage.

3. Le subrogé tuteur peut se faire décharger de ses fonctions, s'il vient à habiter dans un autre pays que le mineur.

Article 323.

Le père et la mère ne peuvent se faire exempter ni être déchargés pour aucune des causes énumérées dans cette section de la tutelle sur leurs enfants.

SECTION 8

De l'incapacité en matière de tutelle et de subrogée tutelle

Article 324.

1. Les mineurs, les interdits et les personnes dont les facultés mentales sont dérangées à un point tel qu'elles sont dans l'impossibilité d'exercer la tutelle ou

la subrogée tutelle sont incapables en matière de tutelle et de subrogée tutelle, sauf si le dérangement en question est temporaire.

2. Lorsqu'un tuteur ou subrogé tuteur est incapable en matière de tutelle ou de subrogée tutelle pour une des raisons énumérées ci-dessus, le juge de canton le décharge et il le remplace par un autre tuteur ou subrogé tuteur.

3. Il agit ainsi à la requête du subrogé tuteur ou du tuteur, des parents ou alliés du mineur, du conseil de protection de l'enfance, des créanciers ou d'autres intéressés, ou d'office.

4. Le père tuteur ou subrogé tuteur, ou la mère tutrice ou subrogée tutrice peut, à sa requête, être à nouveau chargé de la tutelle ou de la subrogée tutelle à la place de celui qui l'avait substitué, si la cause de son incapacité a cessé d'exister et que le juge de canton soit persuadé que l'enfant peut être à nouveau confié à ce père ou cette mère.

Article 325.

Ceux qui sont relevés ou destitués de l'autorité—y compris la subrogée tutelle—sur certains mineurs sont incapables en matière de tutelle ou de subrogée tutelle sur ces mineurs, sauf cependant ce qui est disposé aux articles 277 et 335 du présent livre.

SECTION 9

De la mise sous surveillance du mineur sous tutelle

Article 326.

1. Les enfants qui sont sous tutelle de personnes physiques peuvent être mis sous surveillance.

2. Les dispositions des articles 254–263 et 265 du présent livre s'appliquent par analogie à cette mise sous surveillance, étant cependant entendu que celle-ci peut être demandée aussi par le tuteur ou le subrogé tuteur.

3. Les frais prévus à l'article 264 du présent livre sont à charge des père et mère ou—si ceux-ci sont indigents ou décédés—du mineur lui-même. Pour autant que ce dernier soit également indigent, ils restent à charge de l'État.

4. Le parâtre ou la marâtre, tenu de fournir des aliments en vertu du titre 17 du présent livre, est assimilé au père ou à la mère pour l'application du paragraphe précédent.

SECTION 10

De la destitution et du relèvement de la tutelle et de la destitution de la subrogée tutelle

Article 327.

1. Si le tribunal l'estime indispensable dans l'intérêt de ces mineurs, il peut destituer le tuteur ou le subrogé tuteur à l'égard d'un ou plusieurs mineurs étant sous la même tutelle:

*a.*pour mauvaise conduite;

*b.*pour avoir abusé de ses pouvoirs, avoir négligé ses devoirs ou pour le fait de ne pas être en état d'exercer convenablement la tutelle ou la subrogée tutelle;

*c.*pour le fait d'être destitué, pour une des deux causes précédentes, d'une autre tutelle ou subrogée tutelle ou, pour des raisons similaires, de la puissance paternelle;

*d.*pour le fait de se trouver en état de faillite;

*e.*pour le fait que lui-même en personne, ou son père, sa mère, son conjoint ou son enfant soutient contre le mineur un procès où soit l'état soit une notable partie du patrimoine de celui-ci est en jeu;

*f.*pour condamnation irrévocable:

1°pour participation intentionnelle à un délit quelconque avec un mineur se trouvant sous son autorité;

2°pour avoir commis à l'égard du mineur un des délits énumérés aux titres XIII-XV et XVIII-XX du second livre du Code pénal;

3°à une peine d'emprisonnement de deux ans ou plus.

*g.*pour avoir gravement négligé les instructions du tuteur familial ou avoir gêné l'exécution d'une mesure de placement ordonnée en vertu des articles 262 et 263 du présent livre;

*h.*à cause de l'existence de justes raisons de craindre que les intérêts d'un mineur se trouvant sous son autorité soient négligés du fait qu'il réclame ou reprend le mineur à ceux qui ont pris à leur charge son entretien et son éducation.

2. Le terme délit, au sens du présent article, comprend la complicité et la tentative.

Article 328.

1. Le père tuteur ou la mère tutrice ne peut être destitué, ni à raison du fait qu'il n'est pas en état d'exercer la tutelle de façon convenable, ni pour une des causes énumérées à l'article précédent, paragraphe 1 sous *d* et *e*.

2. La destitution d'une personne morale chargée de la tutelle ne peut être prononcée que pour une des causes énumérées à l'article précédent, paragraphe 1

TITRE 15 – DE LA TUTELLE

sous *b-e*. Cependant elle peut être destituée aussi lorsqu'elle néglige d'informer le conseil de protection de l'enfance, conformément à l'article 305 du présent livre, des endroits où les mineurs qui lui sont confiés se trouvent, ou si elle gêne ou empêche la surveillance à exercer par le conseil de protection de l'enfance ou la visite mensuelle du subrogé tuteur.

Article 329.

1. La destitution de la tutelle ou de la subrogée tutelle ne peut être prononcée qu'à la demande du subrogé tuteur ou du tuteur, d'un des parents ou alliés du mineur, jusqu'au quatrième degré inclus, du conseil de protection de l'enfance, ou sur réquisition du ministère public.

2. La destitution peut également être demandée, dans le cas prévu à l'article 327, paragraphe 1, sous *h* du présent livre, par celui qui a pris à sa charge l'entretien et l'éducation du mineur.

3. Dans le cas prévu à l'article 367 du présent livre, le tribunal peut prononcer la destitution même si le conseil de protection de l'enfance ne l'avait pas demandée.

Article 330.

1. Pour autant que l'intérêt des enfants ne s'y oppose pas, le tribunal peut relever le père tuteur ou la mère tutrice de la tutelle sur un ou pluseieurs de ses enfants, pour la raison qu'il est inapte ou impuissant à remplir son devoir d'entretient et d'éducation.

2. Les dispositions des articles 267 et 268 paragraphe 1 et paragraphe 2 sous *a* du présent livre s'appliquent par analogie à ce relèvement.

Article 331.

1. Si le tribunal l'estime nécessaire dans l'intérêt des enfants, il peut, pendant l'instruction, suspendre totalement ou partiellement le tuteur ou le subrogé tuteur dont la destitution est demandée ou requise, de l'exercice de sa tutelle ou subrogée tutelle sur un ou plusieurs des mineurs. Il a la même compétence à l'égard du père tuteur ou de la mère tutrice dont le relèvement est demandé ou requis dans le cas prévu par l'article 268, paragraphe 2 sous *a*, du present livre.

2. En cas de suspension du tuteur, le tribunal confie provisoirement les mineurs au conseil de protection de l'enfance, et investit celui-ci de ceux des pouvoirs qu'il estime convenables à l'égard de la personne et du patrimoine des mineurs.

3. Les ordonnances prévues au présent article restent en vigueur jusqu'à ce que le jugement relatif à la destitution ou au relèvement soit passé en force de

chose jugée. Le tribunal peut toutefois révoquer ces ordonnances à partir d'une date plus rapprochée.

Article 332.

Le procureur du Roi peut, pour des faits susceptibles d'entraîner la destitution de la tutelle, et s'il l'estime indispensable dans l'intérêt des mineurs, soustraire ceux-ci à l'autorité de leur tuteur et les confier provisoirement au conseil de protection de l'enfance. Il a la même compétence pour des faits qui peuvent entraîner le relèvement de la tutelle, dans le cas prévu à l'article 268, paragraphe 2 sous *a* du présent livre. Les dispositions des trois derniers paragraphes de l'article 272 du présent livre s'appliquent par analogie.

Article 333.

1. Les frais exposés par le conseil de protection de l'enfance en faveur du mineur qui lui est confié sont à charge des père et mère ou—si ceux-ci sont indigents ou décédés—à charge du mineur lui-même. Si ce dernier est également indigent, ces frais restent à charge de l'État, compte tenu de ce qui sera disposé à cet égard par mesure générale d'administration.

2. Le parâtre ou la marâtre, tenu de fournir des aliments en vertu du titre 17 du présent livre, est assimilé au père ou à la mère pour l'application du paragraphe précédent.

Article 334.

1. Si le tribunal prononce la destitution ou le relèvement, il pourvoit en même temps à la tutelle ou à la subrogée tutelle, ou si nécessaire aux deux.

2. Toute personne capable en matière de tutelle ou de subrogée tutelle peut demander par écrit au tribunal, pendant l'instruction, d'en être chargée.

3. En cas de destitution ou de relèvement du père ou de la mère qui exerce la tutelle après la dissolution judiciaire de son mariage, l'autre des père et mère —pourvu qu'il soit capable en matière de tutelle—peut demander à tout moment d'être chargé de l'exercice de celle-ci. Cette demande n'est rejetée que s'il existe de justes raisons de craindre que les intérêts des enfants soient négligés s'il y était fait droit.

4. Le tribunal qui a rejeté la demande prévue au troisième paragraphe peut toujours modifier cette décision. Il ne le fait cependant qu'à la requête de celui des père et mère qui avait fait la demande, et uniquement en raison de circonstances dont le juge n'a pas pu tenir compte en prenant la décision dont la modification est demandée.

Article 335.

Le père tuteur ou la mère tutrice destitué ou relevé ainsi que le père subrogé tuteur ou la mère subrogée tutrice destitué peuvent être investis de l'autorité sur leur enfant—y compris la subrogée tutelle—conformément aux articles 277 et 278 du présent livre.

SECTION 11

De la surveillance du tuteur sur la personne du mineur

Article 336.

1. Le tuteur veille à ce que le mineur soit entretenu et élevé conformément à sa fortune.
2. Le mineur doit le respect à son tuteur.
3. L'article 245 du présent livre s'applique aussi au père tuteur ou à la mère tutrice.

SECTION 12

De l'administration du tuteur

Article 337.

1. Le tuteur représente le mineur dans les actes civils.
2. Le tuteur doit administrer le patrimoine du mineur en bon tuteur. Il est responsable du dommage causé par une mauvaise gestion.
3. Si des biens donnés ou légués au mineur sont placés sous administration, le tuteur peut exiger des comptes et justifications de l'administrateur. Si cette administration prend fin, les biens sont administrés par le tuteur.

Article 338.

1. Le tuteur veille à ce qu'il soit procédé dans le plus bref délai, en présence du subrogé tuteur, à l'inventaire du patrimoine du mineur, tel qu'il se compose au début de sa tutelle.
2. Le tuteur fournit au greffe du tribunal de canton du domicile du mineur, dans les huit semaines du début de la tutelle, un relevé écrit de l'argent comptant, des valeurs au porteur et des livrets de caisse d'épargne existant au début de sa tutelle.
3. Le tuteur remet, dans les huit mois du début de sa tutelle, l'inventaire ou une copie de celui-ci au greffe du tribunal de canton du domicile du mineur.
4. L'inventaire contient un relevé des modifications survenues dans la composition du patrimoine jusqu'au moment où il est procédé à l'inventaire.

5. Le juge de canton fait convoquer le tuteur dans les dix jours de la remise de l'inventaire en vue d'en certifier sous serment l'exactitude, à moins qu'il ne paraisse de l'inventaire que le tuteur s'en est déjà acquitté.

Article 339.

1. Lorsque les biens du mineur ne dépassent pas la valeur de 1.000 florins, le tuteur peut remettre, en lieu et place de l'inventaire, une déclaration à ce sujet, signée par lui et par le subrogé tuteur et établie conformément à un modèle déterminé par Notre Ministre de la Justice. Le tuteur de deux ou plusieurs enfants des mêmes père et mère ne peut se contenter d'une telle déclaration que lorsque les biens des mineurs ensemble ne dépassent pas non plus la valeur de 2.000 florins.

2. Le juge de canton, s'il estime qu'il y a lieu, fait convoquer le tuteur en vue de certifier sous serment l'exactitude de la déclaration remise.

3. Le juge de canton peut ordonner à tout moment de dresser et de remettre encore un inventaire du patrimoine du mineur tel qu'il se compose à la date de son ordonnance, et d'en certifier l'exactitude par serment, en appliquant par analogie l'article précédent.

Article 340.

1. Le juge de canton peut, si cela s'avère nécessaire, fixer un délai plus long pour la remise de l'inventaire ou de la déclaration prévue à l'article précédent.

2. Si ni l'inventaire, ni la déclaration prévue à l'article précédent ne sont remis dans le délai déterminé, le juge de canton fait convoquer le tuteur et le subrogé tuteur dans les dix jours de l'expiration de ce délai, pour être entendus.

Article 341.

1. Le tuteur doit déclarer dans l'inventaire ou dans la déclaration prévue à l'article 339 du présent livre ce qui lui est dû par le mineur. A défaut de ce faire, il ne pourra faire usage de son droit de créance avant la majorité du mineur.

2. Tant que le tuteur ne peut exercer son droit de créance, la prescription ne court pas contre lui et le capital de sa créance ne porte pas intérêt.

Article 342.

1. Les quatre articles précédents s'appliquent par analogie lorsque le mineur reçoit des biens pendant la tutelle par donation, succession ou disposition testamentaire.

2. L'inspecteur auprès de qui la déclaration pour le droit de succession, de mutation ou de donation doit être introduite, et qui a d'office connaissance de ce que le mineur a reçu des biens, est tenu d'en avertir le juge de canton du domicile de ce dernier.

Article 343.

Le tuteur peut faire pour le mineur tous actes qu'il estime nécessaires, utiles ou souhaitables dans l'intérêt de ce dernier, sans préjudice à sa responsabilité quant au dommage causé par sa mauvaise gestion et sauf ce qui est prévu aux articles suivants.

Article 344.

1. Pour autant que le juge de canton n'en décide autrement, le tuteur dépose les valeurs au porteur du mineur à la *Nederlandse Bank* ou à un établissement de crédit enregistré conformément à la loi sur la surveillance du crédit.

2. Le juge de canton peut donner des instructions quant à la manière dont les livrets de caisse d'épargne et les sommes d'argent du mineur doivent être conservés.

3. Pour ce qui concerne les valeurs au porteur, les livrets de caisse d'épargne et les sommes d'argent appartenant en commun au mineur et à une ou plusieurs autres personnes, ce qui est prévu aux paragraphes précédents est applicable pour autant que le tuteur les ait sous sa garde.

Article 345.

1. Le tuteur a besoin de l'autorisation du juge de canton pour conclure les actes suivants pour le compte du mineur:

a. les actes de disposition de biens du mineur et les conventions tendant à en disposer, sauf si l'acte concerne des sommes d'argent, s'il peut être considéré comme étant d'administration courante ou s'il se fait par ordre de justice;

b. les donations autres que celles d'usage et non excessives;

c. l'acceptation d'une disposition testamentaire ou d'une donation à laquelle sont attachées des charges ou des conditions;

d. le prêt d'argent ou l'engagement par lequel le mineur est tenu comme caution ou comme codébiteur solidaire;

e. la convention par laquelle le partage de biens appartenant en indivision au mineur est suspendu pendant un temps limité.

2. Le juge de canton peut décider que le tuteur a besoin de son autorisation pour encaisser les créances du mineur, y compris le fait de disposer des soldes auprès des établissements de virements ou de crédit.

3. Le tuteur n'a pas besoin d'autorisation pour transiger sur un litige dans lequel le mineur est intéressé, ni dans le cas de l'article 19 du Code de procédure civile ni lorsque l'objet du litige ne dépasse pas 200 florins.

Article 346.

1. Le tuteur ne peut acheter, ni prendre à loyer ou à ferme les biens du mineur, sans que le juge de canton n'approuve la convention à intervenir.

2. En cas d'offre publique de vente, de location ou de fermage, l'approbation doit être demandée dans le mois qui suit la conclusion de la vente, du louage ou du fermage.

Article 347.

1. Un acte juridique conclu au nom du mineur à l'encontre de ce qui est prescrit aux articles 345 ou 346 du présent livre, peut être annulé à sa demande ou par suite de sa défense dans un litige, sauf si l'acte ne lui a pas causé de préjudice ou si la partie adverse était de bonne foi.

2. Les droits acquis de bonne foi par les tiers sont respectés.

Article 348.

1. Le tuteur ne peut acquérir d'un tiers ni créance à charge du mineur, ni droit réel sur les biens de celui-ci, sans que le juge de canton n'approuve la convention à intervenir.

2. La convention est nulle si cette approbation fait défaut.

Article 349.

1. Le tuteur qui este en justice comme demandeur ou qui se pourvoit en appel ou en cassation pour le mineur, sans l'autorisation du juge de canton, est déclaré non recevable en son action.

2. Le tuteur ne peut acquiescer, sans l'autorisation du juge de canton, à une action intentée contre le mineur ou à un jugement intervenu.

3. Il peut, avant de se défendre en justice pour le mineur ou de former opposition à un jugement rendu par défaut, se faire autoriser par le juge de canton pour couvrir sa responsabilité.

Article 350.

1. Le tuteur veille à ce que le patrimoine du mineur soit placé de façon efficace.

2. L'autorisation du juge de canton lui est nécessaire pour chaque placement d'argent du mineur. Il peut cependant, à moins que le juge de canton n'en décide autrement, effectuer sans cette autorisation des placements à la Caisse d'épargne postale de l'État, sur des livrets destinés au placement de fonds de mineurs, et auprès d'un établissement de crédit enregistré conformément à la loi sur la surveillance du crédit, au moyen de comptes ouverts au nom du mineur, exigibles à vue ou moyennant un préavis d'un mois au plus.

Article 351.

1. Lorsque le patrimoine du mineur, ou une partie de celui-ci, est placé dans une entreprise commerciale, agricole ou industrielle, le tuteur ne peut poursuivre ces activités pour compte, soit du mineur seul, soit de celui-ci avec d'autres, qu'avec l'autorisation du juge de canton.

2. Le tuteur ne peut laisser en indivision des biens appartenant au mineur sans l'autorisation du juge de canton.

Article 352.

Les actes conclus par le tuteur à l'encontre de ce qui est prescrit aux articles 350 et 351 du présent livre, ne peuvent être annulés de ce chef.

Article 353.

1. Le tuteur ne peut accepter une succession échue au mineur que sous bénéfice d'inventaire.

2. Il ne peut répudier une succession échue au mineur, ni renoncer à une part lui revenant dans une communauté conjugale dissoute, sans l'autorisation du juge de canton.

Article 354.

Le juge de canton peut faire à tout moment convoquer le tuteur ou le subrogé tuteur, pour être entendu. Ceux-ci sont tenus de fournir tous les renseignements souhaités par le juge de canton.

Article 355.

1. Le juge de canton peut prescrire au père tuteur ou à la mère tutrice qui a déclaré son intention de contracter mariage, d'établir dans un délai déterminé, en présence du subrogé tuteur, un inventaire du patrimoine des enfants et de remettre cet inventaire ou une copie de celui-ci au greffe du tribunal de canton.

2. Les articles 338, paragraphe 5, 339, 340 et 341 du présent livre s'appliquent par analogie.

Article 356.

1. Le juge de canton ne donne les instructions et les autorisations prévues dans la présente section que pour autant qu'elles lui paraissent nécessaires, utiles ou souhaitables dans l'intérêt du mineur. Il peut donner une autorisation particulière ou générale, et y attacher les conditions qu'il estime utiles.

2. Il peut à tout moment rétracter une instruction ou une autorisation qu'il a donnée, ou modifier les conditions qui y sont attachées.

Article 357.

Si les frais d'une mesure ordonnée dans l'intérêt d'un mineur sont mis à sa charge par décision judiciaire, et qu'il en résulte que le patrimoine du mineur doit être entamé, la désignation par le juge de canton des biens qui seront vendus ou grevés intervient en lieu et place de l'autorisation prévue á l'article 345 du présent livre.

Article 358.

1. Le tuteur peut porter en compte au mineur toutes les dépenses nécessaires, convenables et dûment justifiées.

2. Si le juge de canton fixe un montant pouvant être annuellement consacré à l'entretien et à l'éducation du mineur et aux frais de gestion de son patrimoine, le tuteur ne doit pas justifier de façon détaillée de l'affectation de ce montant.

3. Le juge de canton peut accorder au tuteur, à l'exception du père tuteur ou de la mère tutrice, une indemnité à charge du mineur, s'il l'estime raisonnable, eu égard à l'importance de la charge de l'administration. Le tuteur ne peut faire entrer en compte un salaire pour lui-même en dehors de ce cas, sauf si celui-ci lui a été alloué dans l'acte par lequel il a été nommé par l'un des père et mère.

Article 359.

1. Le juge de canton peut, à la demande du subrogé tuteur ou d'office, imposer à tout moment au tuteur l'obligation de produire au greffe du tribunal de canton, annuellement ou une fois tous les deux ou trois ans, les comptes de son administration des biens du mineur.

2. La date pour la production des comptes est fixée par le juge de canton.

3. Le tuteur doit en même temps faire parvenir une copie des comptes au subrogé tuteur. Celui-ci peut faire valoir dans les deux mois ses griefs quant aux comptes auprès du juge de canton.

Article 360.

1. S'il y a divergence d'opinion au sujet des comptes, le juge de canton peut ordonner leur rectification.

2. Il peut nommer un ou plusieurs experts, aux fins d'examiner les comptes produits.

3. S'il s'est révélé qu'il y avait mauvaise gestion, le juge de canton peut mettre tout ou partie des frais de cette expertise à charge du tuteur.

4. Le tuteur et le subrogé tuteur reçoivent chacun une copie du rapport écrit à produire par les experts.

Article 361.

Les comptes établis périodiquement par le tuteur ou une copie conforme de ceux-ci sont conservés au greffe du tribunal de canton.

Article 362.

Le juge de canton peut déterminer, à la demande du subrogé tuteur ou d'office, le montant du dommage subi d'après les comptes par le mineur, du fait de la mauvaise gestion du tuteur, et condamner celui-ci à le réparer.

Article 363.

1. Le juge de canton peut ordonner à tout moment que le tuteur constitue des garanties pour son administration. Il détermine le montant et la nature des garanties. La mise en gage de valeurs au porteur du tuteur s'opère par leur dépôt à la *Nederlandse Bank.*

2. Le juge de canton fixe un délai raisonnable dans lequel le tuteur doit démontrer à sa satisfaction qu'il a constitué les garanties qui lui étaient demandées.

3. Le juge de canton peut autoriser le tuteur à remplacer une garantie par une autre. Si l'intérêt du tuteur exige impérieusement qu'une garantie donnée soit supprimée, ou si le maintien de celle-ci n'est pas nécessaire, le juge de canton peut l'autoriser à en faire abandon au nom du mineur.

Article 364.

1. Les garanties constituées par le tuteur prennent fin dès que ses comptes et justifications sont approuvés, ou dès que les actions en justice relatives à son administration sont prescrites conformément à l'article 377 du présent livre.

2. Les inscriptions hypothécaires sont alors radiées aux frais du mineur, et il est donné mainlevée des droits de gage sur les inscriptions dans les grands-livres de la dette nationale ou sur les dépôts à la Caisse d'épargne postale de l'État.

Article 365.

Si le tuteur reste en défaut:

a. d'obtempérer à une convocation du juge de canton d'avoir à comparaître devant lui;

b. de remettre l'inventaire ou la déclaration prévue à l'article 339 du présent livre;

c. de produire ses comptes périodiques à la date fixée par le juge de canton;

d. de conserver de la façon prescrite les livrets de caisse d'épargne, les sommes d'argent ou les valeurs au porteur appartenant au mineur qu'il n'a pas fait placer au nom de celui-ci;

e. de fournir au juge de canton la preuve de ce qu'il a constitué les garanties qui lui étaient demandées; ou

f. de payer l'indemnité à laquelle le juge de canton l'a condamné en vertu de l'article 362 du présent livre;

le juge de canton peut en donner connaissance au conseil de protection de l'enfance.

Article 366.

Le juge de canton peut également donner connaissance au conseil de protection de l'enfance de ce que:

a. le tuteur administre les biens du mineur arbitrairement dans les cas où il a besoin d'une autorisation du juge;

b. il s'est révélé coupable dans son administration de déloyauté, de manquements à ses devoirs ou d'abus de pouvoirs.

Article 367.

Le conseil de protection de l'enfance qui reçoit une telle communication du juge de canton, s'informe de ce qu'ont été par ailleurs les agissements du tuteur à l'égard du mineur, et soumet à l'appréciation du tribunal, dans les six semaines de la date de la communication, la question de savoir s'il y a lieu à destitution du tuteur, en vertu de l'article 327 paragraphe 1 sous *b* du présent livre.

Article 368.

Si le subrogé tuteur manque gravement à sa tâche, les articles 366 et 367 du présent livre s'appliquent par analogie.

Article 369.

1. Si des mineurs qui se trouvent sous la tutelle de tuteurs différents ont des biens communs, le juge de canton du domicile de l'un des mineurs peut désigner l'un des tuteurs ou un tiers pour administrer ces biens jusqu'à leur partage. L'administrateur désigné constitue les garanties qui lui sont demandées par le juge.

2. Si la compétence décrite au paragraphe 1 appartient à plusieurs juges, celle-ci prend fin après que l'un d'entre eux en a fait usage.

Article 370.

1. Le juge de canton peut, à la demande du tuteur, du subrogé tuteur ou d'office, mettre sous administration tout ou partie du patrimoine du mineur, y compris les fruits, pour la durée de sa minorité, s'il l'estime nécessaire dans l'intérêt du mineur.

2. Le juge de canton nomme l'administrateur et fixe le salaire qui lui revient. Il peut décider, en établissant cette administration, que le tuteur doit rembourser totalement ou partiellement au mineur les frais causés par la mise sous administration, y compris le salaire, et que le tuteur est responsable vis-à-vis du mineur des activités de l'administrateur sauf son recours contre celui-ci.

3. Les pouvoirs du tuteur quant à la gestion et à la disposition des biens placés sous administration sont transférés à l'administrateur, pendant la durée de ses fonctions.

4. Le juge de canton fixe le montant des versements que l'administrateur doit

faire au tuteur sur les biens qui se trouvent sous administration et sur leurs fruits, pour assurer l'entretien et l'éducation du mineur ou la gestion de ceux de ses biens qui n'ont pas été placés sous administration. Il peut modifier à tout moment ces ordonnances à la demande du tuteur ou de l'administrateur, ou d'office.

5. L'administrateur est tenu de fournir à tout moment au juge de canton tous les renseignements souhaités par ce dernier.

6. Il est également tenu de rendre annuellement, ainsi qu'à la fin de son administration, des comptes et justifications au tuteur, au mineur devenu majeur ou, si celui-ci est décédé, à ses héritiers, devant le juge de canton.

7. Le juge de canton tranche les contestations qui s'élèvent lors de la reddition des comptes et justifications.

8. Si l'une des parties est en demeure de se prêter à cette reddition de comptes et justifications, les articles 771 et suivants du Code de procédure civile s'appliquent par analogie.

9. Le juge de canton peut mettre fin à tout moment à l'administration ou décharger l'administrateur et le remplacer par un autre, à la demande de l'administrateur, du tuteur ou du subrogé tuteur, ou d'office.

Article 371.

Le tuteur et le subrogé tuteur sont tenus de donner connaissance au greffe du tribunal de canton de tout changement de leurs domiciles.

SECTION 13

Des comptes et justifications à la fin de la tutelle

Article 372.

Le tuteur dresse ses comptes et justifications aussitôt après la fin de son administration; les frais en résultant sont avancés par le tuteur.

Article 373.

Le tuteur rend ces comptes et justifications soit au mineur devenu majeur, soit aux héritiers du mineur, si celui-ci est décédé, soit à son successeur dans l'administration des biens du mineur.

Article 374.

1. Ces comptes et justifications sont rendus devant le juge de canton dans le ressort duquel le tuteur dont l'administration prend fin a son domicile, et si possible en présence du subrogé tuteur.

2. Le juge de canton tranche les contestations qui pourraient s'élever lors de la reddition des comptes et justifications.

3. Si l'une des parties est en demeure de se prêter à cette reddition de comptes et justifications, les articles 771 et suivants du Code de procédure civile s'appliquent par analogie.

Article 375.

Sont nuls tous traités relatifs à la tutelle ou aux comptes de tutelle intervenus entre le tuteur ou le subrogé tuteur et le mineur devenu majeur avant que les comptes et justifications ne soient rendus conformément à ce qui est prévu dans cette section.

Article 376.

1. Le solde de comptes dû par le tuteur porte intérêt de plein droit à compter du jour de la clôture des comptes.

2. Ce qui reste dû par le mineur au tuteur ne porte pas intérêt avant que—après la clôture des comptes—il n'ait été sommé de payer.

Article 377.

Toute action en justice fondée sur l'administration de la tutelle—tant de la part du mineur que de celle du tuteur—se prescrit par dix ans, à compter du jour où la tutelle de ce dernier a pris fin.

TITRE 16

DE L'INTERDICTION

Article 378.

Le majeur peut être interdit par le tribunal:

a. à cause de dérangement mental ayant pour effet que la personne dérangée mentalement, qu'elle présente ou non des intervalles lucides, n'est pas de force ou éprouve des difficultés à gérer convenablement ses intérêts;

b. à cause de prodigalité;

c. pour cause d'alcoolisme chronique ayant comme effet:

1° qu'il ne gère pas convenablement ses intérêts;

2° qu'il cause fréquemment du scandale en public; ou

3° qu'il met en danger sa propre sécurité ou celle des autres.

Article 379.

L'interdiction peut être demandée par la personne intéressée, son époux et ses parents en ligne directe et collatérale, jusqu'au quatrième degré inclus; elle peut également être requise par le ministère public.

Article 380.

1. Le juge devant lequel la demande d'interdiction est pendante ou a été pendante en dernier lieu peut, donnant suite à une demande ou d'office, nommer un administrateur provisoire; l'ordonnance mentionne la date à laquelle elle entre en vigueur.

2. Il détermine dans cette ordonnance les compétences de l'administrateur. Il peut confier à l'administrateur l'administration de certains biens ou de tous ceux-ci. Pour autant que le juge n'en décide autrement, celui dont l'interdiction est demandée ne peut faire d'actes d'administration, y compris ceux de disposition, relatifs à ces biens sans le concours de l'administrateur.

3. Il peut également être prévu dans l'ordonnance que le paiement de dettes contractées par celui dont l'interdiction est demandée après la publication de la nomination ne peut être poursuivi sur les biens se trouvant sous administration ni pendant la durée de celle-ci, ni durant l'interdiction au cas où celle-ci s'effectue par la suite.

4. L'ordonnance peut être modifiée ou rétractée à tout moment par le juge devant lequel la demande d'interdiction est pendante ou a été pendante en dernier lieu.

5. L'administrateur a droit à une indemnité de cinq pour cent du revenu net des biens gérés par lui, à moins que le juge de canton ne fixe, pour des raisons particulières, un autre montant.

Article 381.

1. L'interdiction prend cours le jour où elle a été prononcée.

2. L'interdit est incapable, dès ce moment, de passer des actes juridiques, à moins que la loi n'en dispose autrement.

3. L'interdit est capable de passer des actes juridiques avec le consentement de son curateur, pour autant que celui-ci ait qualité pour conclure ces actes pour l'interdit. Ce consentement ne peut être donné que pour un acte juridique déterminé ou dans un but déterminé. Le consentement dans un but déterminé doit être donné par écrit.

4. Si le curateur a mis des sommes d'argent à la disposition de l'interdit pour son entretien, celui-ci est capable de disposer de ces sommes conformément à la destination qui leur a été donnée.

Article 382.

L'interdit pour cause de prodigalité ou d'alcoolisme chronique reste capable d'accomplir des actes d'ordre familial, pour autant que la loi n'en dispose autrement.

Article 383.

1. Le juge nomme le curateur et le subrogé curateur en prononçant l'interdiction ou, s'il ne s'estime pas encore suffisamment éclairé, le plus tôt possible après ce prononcé.

2. Si l'interdit est marié, son conjoint est nommé curateur à moins que des motifs graves n'amènent le juge à nommer une autre personne. Si l'interdit se marie, chacun des époux peut demander que le conjoint non interdit soit nommé curateur à la place du curateur actuel.

3. La charge du curateur prend cours le jour suivant celui où le greffier lui a donné connaissance de sa nomination. La gestion de l'administrateur provisoire prend fin ce même jour, et celui-ci est tenu de rendre les comptes et justifications de ses activités au curateur, devant le juge de canton; s'il est lui-même nommé curateur, les comptes et justifications sont rendus au subrogé curateur.

4. Si la demande d'interdiction est rejetée la gestion de l'administrateur provisoire prend fin le lendemain de cette décision, à moins que le juge n'en décide autrement, et, en tous les cas, au plus tard le lendemain du jour où la décision de rejet est passée en force de chose jugée.

Article 384.

Si l'ordonnance par laquelle l'interdiction est prononcée est infirmée en appel ou en cassation et que la demande d'interdiction ait finalement été rejetée, la charge du curateur prend fin le lendemain du jour de cette décision. Les actes conclus entretemps soit par le curateur, soit avec son consentement continuent à engager celui dont l'interdiction avait été prononcée.

Article 385.

1. Les dispositions du présent Code relatives au début et à la fin de la tutelle et de la subrogée tutelle, aux obligations du tuteur et du subrogé tuteur, à l'incapacité, à l'exemption et au remplacement ainsi qu'à la décharge de la tutelle et de la subrogée tutelle s'appliquent par analogie pour ce qui concerne l'interdiction, sauf ce qui est prévu aux articles 383 et 384 du présent livre, étant entendu que:

a. au lieu de juge de canton, il faut lire tribunal;

b. les prescriptions figurant dans ces dispositions concernant les conseils de protection de l'enfance, le père tuteur ou la mère tutrice et le tuteur familial ne sont pas applicables;

c. ce qui est prévu à l'article 322 paragraphe 1 sous *b* et paragraphe 2 du présent livre n'est pas applicable, et que le curateur et le subrogé curateur peuvent être déchargés à tout moment par le tribunal pour motifs graves, à leur demande, sur réquisition du ministère public ou d'office.

2. Le curateur ou le subrogé curateur qui n'est pas l'époux ou le parent en ligne directe de l'interdit peut également demander à être déchargé, lorsqu'il a exercé la curatelle ou la subrogée curatelle pendant au moins huit ans; la décharge est accordée dès que le tribunal s'estime en état de nommer un successeur convenable.

Article 386.

1. Les prescriptions relatives à l'administration du tuteur s'appliquent par analogie à l'administration du curateur.

2. Les revenus de l'interdit pour cause de dérangement mental doivent être en premier lieu employés à adoucir son sort et à favoriser sa guérison.

3. Le procureur du Roi prend la place du conseil de protection de l'enfance pour l'application des articles 365–368 du présent livre.

Article 387.

1. Lorsqu'il est souhaitable de faire soigner l'interdit pour cause d'alcoolisme chronique dans une institution pour alcooliques, le curateur peut demander au tribunal l'autorisation de faire procéder par la force à ce traitement, s'il estime nécessaire de prévoir la possibilité d'utiliser la force en vue de ce traitement.

2. Les institutions dans lesquelles il peut être procédé par la force à un traitement sont désignées par Notre Ministre de la Justice. Une désignation peut être retirée à tout moment. Des conditions pour la désignation peuvent être fixées par mesure générale d'administration.

Article 388.

1. L'autorisation est accordée pour une durée déterminée d'un an au plus. Celle-ci prend cours le jour où la décision judiciaire obtient force de chose jugée; elle prend cependant cours le jour de la décision, si celle-ci a été déclarée exécutoire par provision. Elle prend fin si le traitement dans une institution n'a pas commencé dans le mois à dater du jour où la décision judiciaire est passée en force de chose jugée.

2. Le curateur peut, au moins un mois avant l'expiration du délai prévu dans l'autorisation, en demander la prolongation, chaque fois pour un an au plus. L'autorisation reste en vigueur pendant la durée de l'examen de cette demande.

3. L'autorisation peut être retirée à tout moment par le tribunal, soit d'office, soit sur réquisition du ministère public, soit à la demande de l'interdit. La deuxième phrase du paragraphe 1 s'applique par analogie.

Article 389.

1. L'interdiction prend fin lorsqu'il est constaté par decision judiciaire passée en force de chose jugée que les causes de l'interdiction ont cessé d'exister.

2. La demande ou la réquisition à cette fin peut être faite par les mêmes personnes que celles pouvant demander ou requérir l'interdiction.

Article 390.

1. Toutes les décisions judiciaires par lesquelles l'interdiction est accordée ou levée, un administrateur provisoire est nommé ou une décision d'interdiction est annulée sont publiées par les demandeurs dans les dix jours après qu'elles peuvent être mises à exécution, dans le *Nederlandse Staatscourant* ainsi que dans deux journaux à designer par le juge. Si les demandeurs sont négligents à ce sujet, ils sont solidairement tenus de réparer le dommage ainsi causé aux tiers.

2. La publication d'une interdiction prononcée à la demande de l'intéressé lui-même ou à la réquisition du ministère public est faite par le curateur, si celui-ci est nommé par le jugement d'interdiction, ou sinon par le greffier.

Article 391.

Des registres publics sont tenus au greffe du tribunal de La Haye, dans lesquels il est fait mention des décisions, ordonnances et déclarations concernant l'interdiction. Une mesure générale d'administration détermine les décisions, ordonnances et déclarations dont il doit être fait mention ainsi que la façon dont ces mentions sont portées.

TITRE 17

DES ALIMENTS

SECTION 1
Dispositions générales

Article 392.

1. Sont tenus de fournir des aliments pour cause de parenté ou d'alliance:

a. les père et mère;

b. les enfants légitimes et naturels;

c. les gendres et brus, les beaux-parents et le parâtre ou la marâtre.

2. Cette obligation n'existe, sauf pour ce qui concerne les père et mère et le parâtre ou la marâtre à l'égard de leurs enfants ou enfants d'un autre lit mineurs, que dans le cas où celui qui a droit aux aliments est dans le besoin.

3. Les personnes énumérées au paragraphe 1 ne sont pas obligées de fournir des aliments pour autant que ceux-ci puissent être obtenus d'un conjoint ou un précédent conjoint conformément aux titres 6, 9 ou 10 du présent livre.

Article 393.

Un enfant naturel ne doit des aliments à son père que lorsque la reconnaissance de l'enfant s'est effectuée pendant sa minorité.

Article 394.

1. S'il n'existe pas de rapports de droit familial entre l'enfant et son père, celui-ci n'est tenu de fournir des aliments que pendant la minorité de l'enfant.

2. Si cependant l'enfant, après sa majorité, par suite d'infirmités mentales ou physiques, n'est pas en état de s'entretenir lui-même, le père visé au paragraphe précédent reste tenu à subvenir à son entretien.

3. Est présumé père d'un enfant illégitime non reconnu celui qui, entre le 307ème et le 179ème jour avant la naissance, a cohabité avec la mère.

4. Une action intentée contre lui en vertu de cet article est cependant rejetée:

a. s'il prouve que la mère a également cohabité pendant cette période avec un autre individu, à moins qu'il n'apparaisse que l'enfant ne peut être issu de cette cohabitation;

b. si le juge est intimement convaincu que le défendeur n'est pas le père de l'enfant.

Article 395.

Le parâtre ou la marâtre n'est tenu de fournir des aliments que durant son mariage et seulement aux enfants mineurs légitimes et naturels de son conjoint qui font partie de son ménage.

Article 396.

1. L'obligation des gendres et brus et des beaux-parents de fournir des aliments prend fin lorsque le mariage du gendre ou de la bru est dissous.

2. Il n'y a pas d'obligation à l'égard d'un gendre ou d'une bru, lorsqu'un jugement de séparation de corps prononcé contre lui est passé en force de chose jugée, ni à l'égard d'un des beaux-parents, après que celui-ci s'est remarié.

Article 397.

1. Pour déterminer le montant dû conformément à la loi à titre d'aliments par les parents et alliés, il est tenu compte d'une part des besoins de la personne qui

a droit aux aliments et d'autre part de ce que la personne tenue aux aliments est à même de fournir.

2. Si plusieurs parents ou alliés sont tenus de fournir des aliments à la même personne, chacun d'entre eux est tenu de s'acquitter d'une part du montant dont la personne qui a droit aux aliments a besoin. Il est tenu compte, pour déterminer cette part, de ce que chacun est à même de fournir et des relations dans lesquelles chacun se trouve vis-à-vis du bénéficiaire.

Article 398.

1. Lorsque celui qui est tenu d'une obligation alimentaire n'est pas à même de payer les sommes à verser, le tribunal peut ordonner qu'il reçoive en sa demeure le parent ou allié à qui il doit des aliments, et qu'il l'y pourvoie du nécessaire.

2. Les père et mère peuvent toujours demander au juge de leur permettre de s'acquitter de leur obligation alimentaire à l'égard de leur enfant majeur, légitime ou naturel, qui se trouve dans le besoin de la manière décrite au paragraphe 1.

Article 399.

Le juge peut réduire l'obligation alimentaire des parents et alliés du chef d'un comportement tel de celui qui a droit aux aliments qu'équitablement il ne peut leur être demandé de lui fournir des aliments ou de les fournir en totalité; sans préjudice aux dispositions de la section suivante pour ce qui concerne les frais d'entretien et d'éducation d'enfants ou enfants d'un autre lit mineurs.

Article 400.

1. Si une personne est tenue de fournir des aliments à deux ou à plusieurs personnes, et que ses moyens soient insuffisants pour s'acquitter entièrement de cette obligation à l'égard de tous, son époux, son ancien époux, son père et sa mère, ses enfants—légitimes ou illégitimes—et les enfants d'un autre lit ont la priorité sur ses gendres et brus et ses beaux-parents.

2. Les conventions par lesquelles il est fait abandon des aliments dus conformément à la loi, sont nulles.

Article 401.

1. Les décisions judiciaires et les conventions relatives à l'obligation alimentaire peuvent être modifiées ou révoquées lorsqu'elles cessent par la suite d'être conformes aux normes légales par suite d'une modification des circonstances.

2. Une décision judiciaire relative à l'obligation alimentaire peut également être modifiée ou révoquée, si dès l'origine elle n'était pas conforme aux normes légales, du fait que cette décision était fondée sur des données fausses ou incomplètes.

3. La convention relative à l'obligation alimentaire peut également être modifiée ou révoquée, si ce qui est convenu entre les parties constitue une méconnaissance démesurée des normes légales.

Article 402.

1. Le juge qui fixe, modifie ou révoque le montant de l'obligation alimentaire, arrête également le jour à partir duquel cette somme est due ou cesse d'être due.
2. Le juge détermine, en fixant la somme due, si celle-ci doit être acquittée hebdomadairement, mensuellement ou trimestriellement.
3. Le juge peut également accorder termes et délais si plus d'un terme est exigible ou doit être remboursé au jour où la décision peut être exécutée.

Article 403.

Aucun aliment n'est dû pour la période écoulée depuis plus de cinq ans au moment de l'introduction de l'action.

SECTION 2

De l'obligation de pourvoir aux frais d'entretien et d'éducation des enfants et enfants d'un autre lit mineurs par leurs père et mère et par le parâtre ou la marâtre

Article 404.

1. Les père et mère sont tenus selon leurs moyens de pourvoir aux frais d'entretien et d'éducation de leurs enfants tant légitimes qu'illégitimes.
2. La même obligation est à charge du parâtre ou de la marâtre dans le cas de l'article 395 du présent livre.

Article 405.

1. Le père qui n'a pas de rapports de droit familial avec l'enfant est tenu, s'il existe des raisons pour l'exiger, de donner des garanties pour assurer son obligation visée dans l'article précédent, ou de verser un capital à cet effet.
2. L'action à intenter contre le père du chef de son obligation de pourvoir aux frais d'entretien et d'éducation de l'enfant se prescrit par cinq ans, à dater du jour de naissance de l'enfant.

Article 406.

1. Lorsque l'un des père et mère, ou le parâtre ou la marâtre, n'exerçant pas l'autorité sur son enfant ou l'enfant de l'autre lit, ne remplit pas convenablement son obligation de subvenir aux frais d'entretien et d'éducation, tant le

conseil de protection de l'enfance que celui qui exerce l'autorité sur l'enfant peuvent demander au tribunal de fixer le montant que ce débiteur devra verser au profit de l'enfant.

2. Le tribunal peut, à la requête des intéressés ou du conseil de protection de l'enfance, déjà fixer la somme visée au paragraphe précédent en même temps qu'une décision à prendre par le tribunal au sujet de l'autorité à exercer sur les enfants.

3. Ce qui est prévu aux paragraphes précédents n'est pas applicable à l'obligation du père de pourvoir aux frais d'entretien et d'éducation de son enfant, s'il n'a pas de rapport de droit familial avec l'enfant.

4. L'action contre le père, fondée sur l'article 394 du présent livre, peut être intentée au profit d'un enfant mineur tant par le conseil de protection de l'enfance que par la personne qui exerce l'autorité sur l'enfant. Le conseil a besoin, à cette fin, du consentement de la mère, à moins que celle-ci ne soit pas à même de manifester sa volonté; si la mère est mineure, le consentement de son représentant légal est également exigé. Le tuteur de l'enfant n'a pas besoin de l'autorisation prévue à l'article 349 paragraphes 1 et 2 du présent livre.

5. Les héritiers du père visé au paragraphe précédent ne peuvent, en matière d'entretien et d'éducation de l'enfant après le décès du *de cujus*, être obligés à rien d'autre qu'au paiement en une fois d'un capital ne dépassant pas la réserve que l'enfant aurait été en droit de recevoir comme enfant naturel. Soit l'enfant, soit le conseil de protection de l'enfance doivent faire valoir ce droit dans l'année du décès du *de cujus*.

Article 407.

La modification du montant à verser périodiquement par suite d'une obligation de pourvoir aux frais d'entretien et d'éducation peut être demandée tant par le conseil de protection de l'enfance que par celui qui exerce l'autorité sur l'enfant.

Article 408.

Les sommes à verser périodiquement ou le capital à acquitter en une fois par suite d'une obligation de pourvoir aux frais d'entretien et d'éducation, dont le montant est déterminé par le juge, doivent être payées, au profit de l'enfant, au conseil de protection de l'enfance.

TITRE 18

DE L'ABSENCE ET DE LA DISPARITION

SECTION 1

De la mise sous administration en cas d'absence

Article 409.

1. Si une personne qui a abandonné son domicile n'a pas mis suffisamment d'ordre dans l'administration de ses biens, et qu'il y a nécessité d'y pourvoir totalement ou partiellement ou de faire représenter l'absent, le tribunal de son domicile délaissé nomme, à la demande des intéressés ou sur réquisition du ministère public, un administrateur chargé d'administrer tout ou partie des biens de l'absent et de gérer ses autres intérêts. Le tribunal de La Haye est compétent à défaut de domicile aux Pays-Bas.

2. Est assimilé, pour l'application de cette section, à la personne qui a délaissé son domicile celle dont l'existence est devenue incertaine ou qu'il est impossible d'atteindre, bien qu'il n'ait pas été démontré qu'elle ait délaissé son domicile.

Article 410.

1. Pour autant que le tribunal n'en decide autrement, les articles 338, 340, 342–357, 358 paragraphe 1 et 359–363 du présent livre s'appliquent par analogie à la gestion de l'administrateur, à l'exception de ce qui y est disposé au sujet du subrogé tuteur, et étant entendu que l'administrateur est tenu de produire annuellement les comptes de son administration au greffe du tribunal de canton du lieu où le tribunal a son siège.

2. L'administrateur a droit à une indemnité de cinq pour cent du revenu net des biens gérés par lui, à moins que le juge de canton ne fixe, pour des raisons particulières, un autre montant.

3. L'approbation par le juge de canton des comptes produits se fait sans préjudice au droit des ayants-droit de demander des comptes et justifications pour la même période après la fin de l'administration.

4. L'administrateur ne peut s'occuper d'autres intérêts que des intérêts patrimoniaux de l'absent qu'après avoir obtenu une autorisation spéciale à cette fin du tribunal.

5. Le tribunal peut décharger à tout moment l'administrateur et le remplacer par un autre.

Article 411.

La gestion d'un administrateur nommé conformément à l'article 409 du présent livre prend fin lorsque l'absent revient ou met suffisamment d'ordre dans l'administration de ses biens, lorsqu'un administrateur de ses biens est nommé pour une autre cause, ou lorsque sa mort est devenue certaine.

SECTION 2

Des personnes dont l'existence est incertaine

Article 412.

1. Lorsqu'une part successorale ou un legs revient à une personne dont l'existence est incertaine, et que d'autres y auraient droit si cette personne n'était pas en vie, le tribunal du lieu où se trouve la maison mortuaire donne à ces autres personnes, à leur demande, l'autorisation d'exercer les droits de l'héritier ou légataire.

2. Le tribunal peut, en tant que de besoin, ordonner des appels publics et prescrire des mesures conservatoires au profit des intéressés.

3. Si, après que l'autorisation a été donnée, il appert que le disparu était en vie au jour de l'ouverture de la succession, la restitution des biens pris en possession et des fruits peut être réclamée sur base de ce qui est indiqué ci-après au sujet de la déclaration de présomption de décès, et avec les restrictions qui y sont mentionnées.

Article 413.

1. Si l'existence d'une personne est incertaine et que le terme indiqué au paragraphe suivant est expiré, les intéressés peuvent demander au tribunal du domicile délaissé ou, à défaut de domicile délaissé aux Pays-Bas, au tribunal de La Haye, de leur ordonner de citer le disparu afin d'établir son existence et, au cas où celle-ci ne serait pas établie, de déclarer qu'il existe une présomption légale de décès du disparu.

2.*a.* Le terme visé au paragraphe précédent est de cinq ans, à dater du départ du disparu ou des dernières nouvelles de son existence.

b. Le terme est réduit à trois ans, lorsque sa disparition est en rapport avec des circonstances de guerre, une calamité naturelle ou une autre calamité.

c. Le terme est réduit à un an, lorsqu'il a fait partie de l'équipage ou des passagers d'un navire dont aucune nouvelle n'a été reçue pendant cette période, ou lorsqu'il a disparu à l'occasion d'un événement fatal survenu à un navire ou à une partie de l'équipage ou des passagers. Le terme prend cours, dans le dernier cas, le jour où l'événement fatal est présumé avoir eu lieu. Les aéronefs sont compris parmi les navires.

Article 414.

1. Le tribunal fixe les jour et heure pour lesquels le disparu doit être cité. La citation se fait au terme d'un mois ou d'autant plus long que le tribunal aurait ordonné. Le mode de citation est réglé par mesure générale d'administration.

2. Si le disparu ne comparaît pas et que personne ne se présente pour lui qui établisse à suffisance de droit que le disparu est en vie, l'ordonnance visée au paragraphe précédent est réitérée à deux reprises.

3. Si même à la troisième citation personne n'a comparu qui ait établi à suffisance de droit que le disparu est en vie, le tribunal déclare qu'il existe une présomption légale de décès, sauf à pouvoir préalablement ordonner l'audition de témoins et la production de pièces justificatives, aux fins d'établir qu'il a été satisfait aux conditions fixées par l'article précédent.

4. L'ordonnance contenant déclaration qu'il y a présomption légale de décès fixe le jour à partir duquel le disparu est présumé être décédé; le jour suivant celui des dernières nouvelles de son existence vaut comme tel, à moins qu'il n'existe suffisamment de présomptions qu'après cette date il ait été encore en vie pendant un certain temps.

Article 415.

Si le tribunal est intimement convaincu que le disparu est décédé par suite d'une calamité bien établie, il peut:

a. réduire les termes prévus à l'article 413 paragraphe 2 sous *b* et *c* du présent livre, mais pas à moins de six mois;

b. déclarer dès la première ou la deuxième citation qu'il y a présomption légale de décès.

Article 416.

L'appel des ordonnances rendues sur la demande visée à l'article 413 du présent livre ne peut être interjeté que dans les deux mois à partir de leur date. Il n'y a pas de recours contre celles ordonnant la citation du disparu.

Article 417.

1. Dès que l'ordonnance contenant déclaration qu'il y a présomption légale de décès est passée en force de chose jugée, le greffier du tribunal devant lequel la cause était pendante en dernier lieu envoie une copie de l'ordonnance à l'officier de l'état civil du domicile délaissé ou, à défaut de domicile délaissé aux Pays-Bas, à celui de la commune de La Haye. Cet officier dresse un acte de

décès à rédiger en concordance avec l'ordonnance et le mentionnant expressément.

2. Cet acte de décès prouve à l'égard de tous que le disparu est décédé au jour mentionné dans l'acte.

Article 418.

1. Les héritiers et légataires de celui qui a été déclaré présumé décédé sont tenus, avant de prendre possession des biens de la succession, de constituer des garanties, à la satisfaction du juge de canton du lieu où le tribunal qui a prononcé la déclaration de présomption de décès a son siège, pour ce qu'ils devraient remettre au défunt, si celui-ci revenait, ou aux héritiers ou légataires dont les droits primeraient les leurs.

2. Au cas où le juge avait appliqué ce qui est prévu à l'article 415 sous *b* du présent livre, l'époux et les descendants de celui qui a été déclaré présumé décédé ne doivent constituer les garanties exigées au paragraphe 1 que lorsque le juge de canton l'ordonne.

3. Après la prise de possession, les héritiers sont tenus de dresser un inventaire en bonne et due forme.

4. Les biens à enregistrer ne peuvent être aliénés ou grevés que pour motifs graves, et avec la permission du juge de canton. Si, lors d'une liquidation de succession, ils ne peuvent être partagés sans être vendus, ils sont placés sous l'administration d'un tiers qui répartira les revenus de ces biens conformément à ce qui a été réglé lors du partage à ce sujet.

5. Le partage se fait par un acte authentique, d'où doit également ressortir ce qui est réparti aux légataires et aux autres bénéficiaires.

6. Les biens de la succession ne peuvent être dissipés, ni faire l'objet de donations exagérées.

7. Les héritiers et légataires sont tenus de fournir les renseignements nécessaires au juge de canton, s'ils en sont requis.

8. Les obligations énumérées dans cet article prennent fin lorsque dix ans se sont écoulés depuis le jour où l'acte de décès a été dressé conformément à l'article 417 du présent livre.

Article 419.

L'acte par lequel les garanties sont constituées, l'inventaire et l'acte de partage doivent être déposés en original ou en copie authentique au greffe du tribunal de canton désigné à l'article précédent.

Article 420.

1. Lorsqu'il appert au juge de canton qu'un héritier ou légataire n'a pas exécuté les obligations qui lui sont imposées par les deux articles précédents, il peut nommer, pour les biens de la succession revenant à cet héritier ou légataire,

un administrateur dont l'administration prend fin lorsque le juge de canton décide que l'intéressé a fini par remplir ses obligations légales.

2. Pour autant que le juge de canton n'en décide autrement, les articles 338, 340, 342–357, 358 paragraphe 1 et 359–363 du présent livre s'appliquent par analogie à la gestion de l'administrateur, à l'exception de ce qui y est disposé au sujet du subrogé tuteur, et étant entendu que l'administrateur est tenu de produire annuellement les comptes de son administration au greffe du tribunal de canton.

3. L'administrateur a droit à une indemnité de cinq pour cent du revenu net des biens gérés par lui, à moins que le juge de canton ne fixe, pour des raisons particulières, un autre montant.

4. Le juge de canton peut décharger à tout moment l'administrateur et le remplacer par un autre.

Article 421.

Ce qui est prévu dans les trois articles précédents au sujet d'héritiers recevant des biens de la succession s'applique par analogie à l'époux qui reçoit des biens par suite de la dissolution d'une communauté de biens ou de la fin d'une participation entre époux. Il n'y a cependant pas lieu de constituer des garanties pour ce qui est reçu de ce chef.

Article 422.

1. Lorsque le disparu revient, ou que le jour de son décès tel que mentionné dans l'acte de décès se révèle inexact, toute personne ayant des biens du disparu en sa possession ou sous son administration conformément aux articles précédents est tenue de rendre comptes et justifications à celui qui est revenu ou à ceux qui se révèlent alors avoir droit à ces biens et de leur délivrer les dits biens.

2. Les droits acquis de bonne foi par des tiers sont respectés. Dans le cas cependant où des biens auraient été aliénés à titre gratuit, le juge peut accorder une indemnité à fixer en équité aux ayants droit, à charge de ceux qui en ont retiré un advantage.

3. Si la vie du disparu a été assurée au profit de tiers, ceux-ci conservent leurs droits sur ce qui leur a été payé, ou ce qui leur était dû comme étant déjà exigible, au moment du retour de l'assuré.

Article 423.

1. S'il est prouvé dans les cinq ans après le jour où l'acte de décès a été dressé conformément à l'article 417 du présent livre que cet acte est inexact, ceux qui ont joui de bonne foi des fruits de la succession ne sont tenus que d'en restituer la moitié; si l'inexactitude de l'acte est prouvée plus tard, ils ne doivent pas restituer de fruits.

2. S'il n'est prouvé qu'après dix ans à compter du jour où l'acte de décès a été dressé que cet acte est inexact, ceux qui ont pris possession des biens de bonne foi ne sont tenus de délivrer que les biens encore présents à ce moment dans l'état où ils se trouvent, outre le prix des biens aliénés ou les biens qui les ont remplacés; le tout sans aucun fruit ni indemnité pour les biens qui ne sont plus présents et sans obligation de fournir des comptes et justifications.

3. Toute obligation de restitution prend fin lorsque vingt ans se sont écoulés depuis le jour où l'acte a été dressé.

Article 424.

1. La production d'un acte de décès dressé conformément à l'article 417 du présent livre n'est pas suffisante au conjoint délaissé pour pouvoir contracter un nouveau mariage; il a besoin en outre à cette fin d'une autorisation lui délivrée à sa demande par le tribunal.

2. Le tribunal peut surseoir à la délivrance de l'autorisation jusqu'au plus cinq ans au delà du terme prévu à l'article 413 paragraphe 2 ou l'article 415 sous *a* du présent livre; le tribunal peut aussi, avant de statuer, en tant qu'il l'estime nécessaire dans l'intérêt du disparu, ordonner l'audition de témoins, la production de pièces justificatives, ou de nouvelles citations et leur publication dans les journaux à désigner par le tribunal.

3. Si après que l'autorisation a été accordée mais avant qu'un nouveau mariage ne soit contracté, le disparu reparaît ou si quelqu'un fournit la preuve de ce qu'il est en vie, l'autorisation cesse de plein droit d'avoir effet.

4. Si le conjoint délaissé contracte un nouveau mariage, en vertu de l'autorisation de justice, mais que le disparu est encore en vie à ce moment, le mariage qui unissait encore le conjoint délaissé au disparu se dissout par la conclusion du nouveau mariage.

Article 425.

Si l'épouse délaissée d'un disparu a contracté un nouveau mariage conformément à l'article précédent, mais que le disparu était encore en vie après le jour mentionné comme date de son décès dans l'acte dressé conformément à l'article 417 du présent livre, tel que cet acte était rédigé au moment de la conclusion du nouveau mariage, le mariage qui unissait l'épouse délaissée au disparu est néanmoins considéré comme étant dissous au jour mentionné dans l'acte, en tant que cela intéresse l'état de ses enfants nés avant le nouveau mariage.

Index alphabétique

Les chiffres renvoient aux articles du code

GPSR Compliance

The European Union's (EU) General Product Safety Regulation (GPSR) is a set of rules that requires consumer products to be safe and our obligations to ensure this.

If you have any concerns about our products, you can contact us on ProductSafety@springernature.com

In case Publisher is established outside the EU, the EU authorized representative is:

Springer Nature Customer Service Center GmbH
Europaplatz 3
69115 Heidelberg, Germany

Batch number: 10844827

Printed by Printforce, the Netherlands